Splunk 7 에센셜 3/e

Splunk 7 에센셜 3/e

데이터셋 활용, 보고서 제작,
강력한 정보 공유를 통한 머신 데이터 파헤치기

J-P 콘트레라스 · 에릭슨 델가도 · 벳시 페이지 시그먼 지음 이미정 옮김

지은이 소개

J-P 콘트레라스 J-P Contreras

스플렁크 공인 관리자이자 영업 엔지니어로 20년 이상 고급 데이터 분석 솔루션과 성과 평가 솔루션을 고객에게 제안하는 일을 하고 있다. 그가 조직한 컨설팅 팀은 수상 이력이 있으며, 기업이 데이터 분석을 통해 통찰을 얻도록 지원하고 있다. 현재는 고객이 스플렁크를 직접 구축하고 스플렁크 커뮤니티가 제공하는 모든 자료를 활용할 수 있게 돕고 있다. 2001년 시카고에 있는 드폴대학 켈스타트경영대학원 DePaul University's Kellstadt Graduate School of Business에서 전자 상거래로 MBA를 받았다. 드폴대학의 평생 교육 프로그램에서 교육을 담당하고 있으며 드폴대학의 드리하우스경영대학원 Driehaus School of Business 자문위원회 회원이다.

> 제 인생을 더욱 즐겁게 해주는 가족, 특히 아내와 아이들 그리고 친한 친구들에게 감사의 마음을 전하고 싶습니다.
>
> 스티브 콜핀 Steve Koelpin에게도 감사의 마음을 전합니다. 스티브는 스플렁크 공인 컨실턴트이자 SplunkTrust의 회원으로, 이 책에 수록한 "페즈 Fez의 조언"을 통해 제가 말하고자 한 내용에 추가적인 설명을 덧붙여 주었습니다. 그의 도움과 우정에 진심으로 감사합니다.

에릭슨 델가도 Erickson Delgado

데이터 마이닝과 데이터 분석을 좋아하는 엔터프라이즈 아키텍트이다. 버전 4.0을 시작으로 스플렁크를 지금까지 사용해오고 있다. 필리핀의 스타트업과 협력해 오픈소스 인프라 구축을 지원했다. 파이썬 Python과 node.js로 애플리케이션을 개발한 경험이 있으며, Go와 C/C++를 통한 복구 프로그래밍에 관심이 많다. 최근 몇 년간 데브옵스 DevOps를 업무에 적용하는 데 힘쓰고 있다.

바다낚시, 산악자전거, 로봇 제작, 여행 등으로 스트레스를 푼다. 현재 올랜도에 거주 중이다.

벳시 페이지 시그먼^{Betsy Page Sigman}

워싱턴 DC 조지타운대학^{Georgetown University} 맥도너경영대학원^{McDonough School of Business}의 저명한 교수이다. 지난 16년간 통계, 프로젝트 관리, 데이터베이스, 전자 상거래 분야의 강의를 맡아 왔으며, 우수 강의로 수상한 이력이 있다. 그 전에는 조지메이슨대학^{George Mason University}에 몸담았다. 최근에는 〈하버드 비즈니스 사례 연구집〉과 〈하버드 비즈니스 리뷰〉에 글을 기고했다. 기술 문제와 빅데이터에 대한 언론 평론가로도 활동하고 있다.

드미트리 아노신 Dmitry Anoshin

소매업, 금융, 마케팅, 제조, 전자 상거래를 포함한 다양한 산업 분야에서 비즈니스/디지털 인텔리전스 프로젝트를 성공적으로 수행한 빅데이터 분석 솔루션 구축 분야의 기술 전문가이다. BI, ETL, 데이터 웨어하우징data warehousing, 데이터 모델링, 빅데이터에 대한 심도 있는 지식을 바탕으로, 데이터 통합과 다양한 데이터 웨어하우징 기법에도 능통하다.

다수의 다국적 통합 BI/DI 라이프 사이클 프로젝트를 수행했으며, 여러 관계형 데이터베이스, OLAP 시스템, NoSQL에 대한 경험도 있다.

루벤 올리바 라모스 Ruben Oliva Ramos

멕시코 레온Leon에 있는 사예바히오Salle Bajio대학 컴퓨터 전자공학 분야에서 석사학위를 받은 엔지니어로, 텔레인포매틱스teleinformatics와 네트워킹을 전공했다. 5년간 아두이노Arduino 및 라즈베리 파이Raspberry Pi와 연결된 장치를 제어하고 모니터링하는 웹 애플리케이션을 구축했다.

현재 메카트로닉스, 전자공학, 로봇공학, 자동화 시스템, 마이크로컨트롤러를 가르치고 있다. 안드로이드Android, iOS, HTML5, ASP.NET, 데이터베이스, 웹 서버, 하드웨어 프로그래밍을 활용한 제어 모니터링 시스템과 데이터로거datalogger 데이터 프로젝트의 컨설턴트 겸 개발자이다.

| 옮긴이 소개 |

이미정(puremjlee@gmail.com)

성균관대학교 전자전기 컴퓨터공학부를 졸업하고, 한동대학교 정보통신공학과에서 석사학위를 이수했다. 삼성전자 LSI 사업부를 시작으로, 오라클, 한컴MDS, 인포메티카를 거쳐 현재 스플렁크 코리아의 세일즈 엔지니어로 재직 중이다. 에이콘 출판사에서 출간한 『Pig를 이용한 빅데이터 처리 패턴』(2014), 『Splunk 6 핵심 기술』(2015), 『빅데이터 마이닝』(2017), 『파이썬으로 배우는 대규모 머신 러닝』(2017)을 번역했다. 이 중 『빅데이터 마이닝』은 2017년 대한민국학술원 우수학술도서로 선정되었다.

스플렁크를 한 문장으로 정의하자면 "머신 데이터의 수집, 저장, 분석, 시각화를 위한 단일 플랫폼"입니다. 문자 그대로 날마다 새로운 기술, 새로운 소프트웨어가 쏟아지고 사라지는 요즘 같은 시대에, 스플렁크는 단일 플랫폼으로 15년간 꾸준히 성장가도를 달리고 있는 흔치 않은 솔루션입니다(2003년에 이미 빅데이터의 시대를 예견한 소프트웨어였다니, 놀랍지 않으신가요?). 시대의 흐름을 놓치지 않으면서 데이터 플랫폼 본연의 역할에 집중하는, 빅데이터 플랫폼 분야에서 독보적인 소프트웨어라 할 수 있습니다. 또한 스플렁크와 비슷한 역할을 하는 소프트웨어들이 유연성과 확장성을 내세우고 있지만, 제품의 안정성과 편의성 측면에서 스플렁크가 단연 우수하다는 것이 개인적인 생각입니다. 스플렁크의 사상 역시 강조하고 싶습니다. 스플렁크라는 단일 플랫폼 안에서 데이터가 수집되고, 저장되며, 분석을 거쳐 시각적으로 가치 있는 결과가 반환되는 과정을 경험해본 사용자는(그것도 매우 짧은 시간 안에) 스플렁크의 매력에 흠뻑 빠질 수 밖에 없을 것이라고 감히 확신합니다.

자의든 타의든 여러 목적으로 이 책을 펼쳤을 독자 여러분을 응원합니다. 스플렁크에 처음 입문하시는 분에게 이 책은 좋은 출발점이 될 것입니다. 원서는 버전 7.0.1을 기준으로, 이 책은 7.2.5 버전을 기준으로 번역했습니다. 버전이 높아지면서 책에 실린 UI와 실제 화면이 약간 다를 수 있지만 내용을 이해하는 데는 무리가 없을 것으로 생각합니다. 또한 대부분의 한국 독자가 한국어 OS를 사용할 것이라는 판단하에, 한글 버전의 웹 페이지를 기준으로 번역을 했습니다(스플렁크 화면은 OS 언어 설정을 따라갑니다). 때때로 한글 웹 화면의 메뉴나 설정 화면에 자동으로 번역된 어색한 한국어는 교정하지 않고 화면상에 보이는 그대로 옮겼습니다. 웹 브라우저 URI에서 ko_KR를 en_US로 변경하면 영문 웹 페이지로 전환할 수 있으니 참고하세요. 특정 주제에 대해 깊이 있는 내용을 알고 싶으시다면, 스플렁크 공식 메뉴얼을 찾아보시길 권합니다. 영문이라는 치명적인 단점이 있지만 체계적으로 정리된 방대한 문서들은 스플렁크를 깊이 이해하는 데 큰 도움이 될 것입니다.

이 책의 역자로서 또한 스플렁크의 가치를 높게 평가하는 개인으로서 스플렁크의 진가가 한국시장에 더욱더 드러나기를 바라는 마음으로 이 책을 번역했습니다. 꼼꼼히 감수를 맡아주신 한컴MDS 정화용 부장님과 이 책이 나오기까지 애써주신 에이콘출판사 관계자 분들께 감사의 말씀을 드립니다. 번역하는 내내 인내로 저를 감내해준, 가장 친한 친구이자 동료인 남편 한승후에게도 사랑을 담은 감사의 인사를 전합니다.

차례

스플렁크는 머신 데이터용 검색, 보고, 분석 소프트웨어 플랫폼이다. IT 운영, 정보보안, 사물인터넷IoT, Internet of Things과 같은 분야에서 점점 더 많은 조직들이 정보에 입각한 의사 결정을 내리기 위해 스플렁크를 도입하고 있다.

이 책은 머신 데이터로부터 분석 결과와 보고서를 얻고자 하는 모든 사람들을 대상으로 한다. 처음 두 장에서는 스플렁크 설치 방법과 샘플 머신 데이터 생성기인 Eventgen의 설정 방법을 간단하게 설명한다. 그런 다음 머신 데이터를 검색하고 필드를 추가해서 분석 결과를 통해 가치를 찾아내는 방법을 설명하고, 이후 다양한 보고서report와 대시보드dashboard, 경고alert를 만드는 방법을 소개한다. 또한 현업 사용자를 위한 스플렁크만의 데이터 모델 생성 기능인 피벗Pivot을 소개하는데, 이 기능을 사용해서 포인트-앤-클릭point-and-click 방식으로 쉽게 데이터를 시각화하는 방법을 설명한다.

그리고 스플렁크의 강력한 기능 중 하나인 HTTP 이벤트 컬렉터HTTP event collector를 테스트 해본다. 스플렁크의 핵심 기능들을 다루고 난 후에는 실제 스플렁크를 모범적으로 사용하는 사례와 더불어 이 책에서 배운 내용을 토대로 스플렁크를 구축하는 방법과 관련된 정보를 소개한다.

이 책 곳곳에 페즈의 조언Tips from the Fez이라는 단락을 구성해서 SplunkTrust 커뮤니티 회원의 견해와 모범사례에 대한 권고안을 참고할 수 있게 했다.

▌ 이 책의 대상 독자

스플렁크 7이 제공하는 기능을 능숙하게 사용하고자 하는 초보자를 대상으로 한다. 데이터/비즈니스 분석가 또는 시스템 관리자가 되고 싶다면, 바로 이 책이 정답이다. 스플렁크에 대한 사전 지식은 필요하지 않다.

▍이 책에서 다루는 내용

1장 스플렁크 시작하기에서는 스플렁크를 조직에 도입할 때 필요한 기본 개념을 다룬다. 다양한 스플렁크 커뮤니티와 온라인 에코 시스템에 대해 언급한다.

2장 데이터 가져오기에서는 포워더forwarder, 인덱스index, 이벤트event, 이벤트 타입event type, 필드field, 소스source, 소스타입sourcetypes과 같은 필수 개념을 배운다.

3장 검색 처리 언어에서는 데이터 분석을 위한 검색 명령어의 사용법을 다룬다.

4장 보고서, 경고 및 검색 최적화에서는 이벤트 타입을 사용해서 데이터를 분류하는 방법과 룩업을 사용해서 데이터를 보완하는 방법, 태그로 데이터를 정규화하는 방법을 설명한다.

5장 동적 대시보드에서는 토큰을 검색 패널에 적용하는 방법을 통해 완전한 기능을 갖춘 폼 기반 대시보드form-based dashboard를 만들어본다. 이를 통해 입력 내용을 변경하면 대시보드 데이터가 영향을 받도록 만들 수 있다.

6장 데이터 모델과 피벗에서는 직관적인 피벗 편집기를 사용해서 영역 차트, 원형 차트, 시계열 스파크라인이 포함된 단일값, 세 가지 시각화 차트를 만들어본다.

7장 HTTP 이벤트 컬렉터에서는 HTTP 이벤트 컬렉터HTTP event collector, HEC에 대해 설명하고, 이를 활용해 애플리케이션에서 스플렁크로 직접 데이터를 전송하는 방법을 알아본다.

8장 모범 사례 및 고급 쿼리에서는 고급 스플렁크 사용자를 위한 기술들을 소개한다.

9장 스플렁크 도입하기에서는 이제까지 이 책에서 언급한 내용들을 조직에 적용해볼 수 있는 방안에 대해 설명한다.

▌ 이 책을 활용하는 방법

책을 펼치기 전에 먼저 https://www.splunk.com/en_us/download.html에서 스플렁크를 다운로드 해야 한다.

http://docs.splunk.com/Documentation/Splunk/latest/Installation/Systemrequirements에서 공식 설치 매뉴얼을 확인할 수 있다.

▌ 예제 코드 다운로드

이 책에서 사용된 예제 코드는 http://www.packtpub.com/support를 방문해 이메일을 등록하면 파일을 직접 받을 수 있으며, 이 링크를 통해 원서의 Errata도 확인할 수 있다. 또한 https://github.com/PacktPublishing/Splunk-7-Essentials-Third-Edition에서도 코드를 다운로드할 수 있으며, 에이콘출판사의 도서정보 페이지인 http://www.acornpub.co.kr/book/splunk7-essentials-3e에서도 예제 코드를 다운로드할 수 있다.

▌ 컬러 이미지 다운로드

이 책에서 사용된 화면/도표의 컬러 이미지를 PDF 파일로 제공한다. http://www.packtpub.com/sites/default/files/downloads/Splunk7EssentialsThirdEdition_ColorImages.pdf에서 다운로드할 수 있다.

또한 에이콘출판사의 도서정보 페이지인 http://www.acornpub.co.kr/book/splunk7-essentials-3e에서도 컬러 이미지를 다운로드할 수 있다.

▌ 편집 규약

이 책에서는 종류가 다른 정보를 서로 구분하기 위해 여러 가지 편집 규약을 사용했다.

CodeInText: 텍스트로 표현된 코드, 데이터베이스 테이블 이름, 폴더 이름, 파일 이름, 파일 확장명, 경로명, 더미 URL, 사용자 입력과 트위터^{Twitter} 핸들을 나타낸다. 예를 들면, 다음과 같다. "다음 icacls 명령을 사용하여 수행하거나 Windows GUI를 사용하여 변경할 수 있다."

코드는 다음과 같이 표시한다.

```
SPL> index=main earliest=-1h latest=now | stats
count(eval(if(http_status_code < "400", 1, NULL))) AS successful_requests
count(eval(if(http_status_code >= "400", 1, NULL))) AS
unsuccessful_requests by http_status_code
```

코드에서 특정 부분을 강조하고 싶을 때 행 혹은 관련 내용을 볼드체로 표시한다.

```
016-07-21 23:58:50:227303,96.32.0.0,GET,/destination/LAX/details,-,80,
-,10.2.1.33,Mozilla/5.0 (Macintosh; Intel Mac OS X 10_8_5)
AppleWebKit/537.36 (KHTML; like Gecko) Chrome/29.0.1547.76
Safari/537.36,500,0,0,823,3053
```

커맨드라인 입력 혹은 출력은 다음과 같이 표시한다.

```
Windows: C:> dir C:\Splunk\etc\apps\SA-Eventgen
Linux: ls -l /$SPLUNK_HOME/etc/apps/
```

볼드체: 새로운 용어, 중요한 단어 또는 화면에 표시되는 단어를 나타낸다. 텍스트에 메뉴나 대화 상자에 표시된 단어가 나타나는 경우가 여기에 해당한다. 예를 들면 다음과 같다. "Server controls 페이지에서 Restart Splunk 버튼을 클릭하라. 재시작을 확인하는 메시지가 나타나면 OK를 클릭한다."

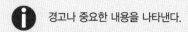 경고나 중요한 내용을 나타낸다.

 권고와 조언을 나타낸다.

▌ 독자 의견

독자의 의견은 언제든지 환영한다.

일반적인 의견: feedback@packtpub.com으로 이메일을 보낼 때 제목에 책 이름을 언급하면 된다. 이 책에 관해 무엇이든 궁금한 점이 있으면 questions@packtpub.com으로 문의하기를 바란다.

정오표: 모든 노력을 기울여 정확성을 높이려고 했음에도 불구하고 실수는 언제나 있는 법이다. 책에서 오탈자를 발견했다면 알려주기를 바란다. www.packtpub.com/submit-errata를 방문해서 이 책을 선택한 다음 Errata Submission Form 링크를 클릭하고 자세한 내용을 입력하면 된다.

한국어판은 에이콘출판사 도서정보 페이지 http://www.acornpub.co.kr/book/splunk7-essentials-3e에서 찾아볼 수 있다.

저작권 침해: 어떤 형태로든 인터넷에서 불법 복제물을 발견하면 해당 주소나 웹사이트 이름을 알려주기 바란다. 자료에 대한 링크는 copyright@packtpub.com으로 보내주길 바란다.

01

스플렁크 시작하기

다국적 소프트웨어 회사인 스플렁크^{Splunk}는 자사의 핵심 플랫폼인 Splunk Enterprise를 비롯해, 스플렁크 플랫폼을 기반으로 한 다양한 제품을 판매하고 있다. 마이클 바움^{Michael Baum}, 롭 다스^{Rob Das}, 에릭 스완^{Erik Swan}이 공동으로 설립했으며, 스플렁크라는 이름은 동굴 탐험 혹은 탐사^{spelunking} 과정에서 유래했다. 스플렁크 플랫폼은 분석가, 운영자, 개발자, 테스터, 관리자, 경영진 등 다양한 업무를 담당하는 조직 구성원을 위한 솔루션이다. 머신에서 생성된 데이터^{machine-created data}를 분석해서 통찰^{insights}을 얻을 수 있기 때문이다. 스플렁크는 데이터 수집, 서장뿐만 아니라 분석기능을 제공하며, 조직이 머신 데이터에서 얻은 강력한 통찰에 근거해 행동하도록 만든다.

Splunk Enterprise 플랫폼은 IT 운영을 염두에 두고 설계되었다. 과거 기업에서 발생했던 IT 인프라 문제는 해결 과정이 무척 험난하고 복잡했으며 사람이 직접 개입해야만 했다. 스플렁크는 IT 시스템의 로그파일을 수집한 후, 그 파일에 접근해서 검색이 가능하도록 구현되었다. 일반적으로 스플렁크는 정보 보안 및 개발 작업에 사용되고 있으며, 다양한 미신, 사물인터넷Internet of Things, 모바일 기기에 사용되는 진보적인 사례도 있다.

 이 책은 독자들이 빠르고 효율적으로 스플렁크를 학습할 수 있도록 스플렁크의 기본 개념들을 주로 다룬다. 복잡한 개념은 스플렁크의 온라인 문서인 http://docs.splunk.com 또는 활발한 스플렁크 온라인 커뮤니티를 참고하기 바란다. 필요할 때마다 실용적인 기술과 사례를 제공하는 링크를 제공함으로써 독자들이 스플렁크를 바로 시작할 수 있도록 했다.

엔터프라이즈 시험판 라이선스로 스플렁크를 사용하면 단기간에 즉시 원하는 결과를 얻을 수 있을 것이다. 이 라이선스로는 하루 500MB 데이터만 수집이 가능하다는 제약이 있지만, 스플렁크의 기능을 빠르게 경험해볼 수 있으며 스플렁크라는 강력한 소프트웨어의 기본 기능을 배우기에 충분할 것이다.

이 책에 담긴 내용을 열심히 따라간다면 스플렁크를 효과적으로 사용하는 데 필요한 필수 지식을 신속히 습득할 수 있을 것이다. 더불어 되도록이면 시험판 라이선스를 최대한 활용하도록 안내할 것이며, 독자가 속해 있는 조직에서 시각적으로 유용한 정보를 생성하는 데 활용할 수 있는 자료를 제공할 것이다.

이 책의 마지막 부분에서는 스플렁크를 도입한 후 확장하는 방법과 다양한 스플렁크 커뮤니티 및 온라인 생태계online ecosystem에 대해서도 다룰 것이다.

 페즈의 조언: 스플렁크는 Splunk Trust라는 커뮤니티를 후원하고 있다. Splunk Trust는 스플렁크 커뮤니티, 특히 Splunk answers 온라인 사이트에 적극적으로 활발하게 참여 중인 전 세계 스플렁크 구루들로 구성돼 있다. 이 커뮤니티의 로고는 과거 머리에 쓰는 장식물에서 유래했으며 이름은 모로코의 도시 페즈(Fez)에서 따왔다. 특히 미국의 슈라이너스(Shriners)[1]를 비롯해 많은 단체들이 자신들의 로고로 페즈를 사용해오고 있다. 이 책에서는 Splunk Trust 멤버 중 한 분의 도움을 받아 여러 가지 모범 사례를 소개할 것이다.

---

1 친목, 보건활동, 자선사업을 목적으로 연합한 미국의 비영리 단체이다. – 옮긴이

▌ 스플렁크 계정

먼저 https://www.splunk.com에서 스플렁크 계정을 만들어야 한다. 나중에 라이선스를 구매할 때 필요한 계정이다. 지금 바로 계정을 만들어보자. 이제부터 스플렁크 계정에서 사용할 암호를 스플렁크 암호라고 할 것이다.

스플렁크 계정 생성하기

스플렁크 계정을 만들기 위해 다음 단계를 따른다.

1. https://www.splunk.com 페이지[2]로 이동한다.
2. 우측 상단에 있는 Free Splunk 버튼을 클릭한다.
3. 요청하는 정보를 입력한다.
4. 사용자 이름과 암호를 생성한다.
5. 스플렁크 다운로드 페이지로 이동하게 될 것이다. 여기에서 다음 화면처럼 Splunk Enterprise 하단에 있는 Free Download 버튼을 클릭해야 한다.

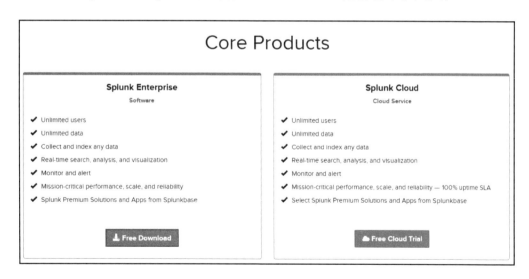

---

2 스플렁크 한국어 웹페이지 url은 https://www.splunk.com/ko_kr이다. – 옮긴이

6. 이제 Splunk Enterprise 소프트웨어를 다운로드하면 된다. http://download. splunk.com으로 이동해서 Splunk Enterprise 무료 다운로드를 선택한다. 운영 체제를 선택할 때 32비트 또는 64비트를 주의해서 선택해야 한다(독자 환경에 맞는 버전을 선택한다. 요즘은 대부분의 컴퓨터가 64비트이기 때문에 64비트를 선택하는 경우가 많을 것이다). Windows는 *.msi 파일을 다운로드하면 되고, Linux는 *.tgz 파일을 다운로드하면 된다. 이 책에서 사용하는 스플렁크 버전은 7.0.1이다.

설치 과정은 매우 간단하다. 운영 체제(Windows 또는 Linux)에 맞게 설치 과정을 따라가면 된다.

 이 책에서는 스플렁크가 독립 실행형(standalone)으로 설치되는 것을 가정한다. 시스템에 이전에 스플렁크가 설치된 적이 있었는지 확인해야 한다. 전에 스플렁크를 설치한 적이 있다면 다음 단계를 진행하기 전에 이전 버전의 스플렁크를 삭제해야 한다.

▌ Windows에 스플렁크 설치하기

다음과 같이 Windows 데스크톱 컴퓨터에 스플렁크를 설치할 수 있다. 시간이 걸리더라도 설치를 서둘러서는 안 된다. 이 책에서는 앞으로 다음처럼 단계별로 진행 과정을 설명할 것이다.

1. 다운로드한 설치 파일을 실행한다.
2. 라이선스 동의 박스를 선택하고 다음 화면처럼 Customize Options를 클릭한다.

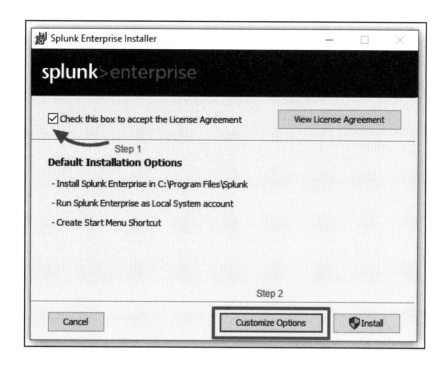

3. 설치 경로를 C:\Splunk\로 변경하라. **스플렁크 CLI**(command line interface, 커맨드 라인 인터페이스) 명령어를 간단히 실행할 수 있기 때문에 나중에 편리할 것이다. 요즘 Windows 관리자가 일반적으로 작업하는 방법이기도 하다. 디렉터리에 공백이 있으면 타이핑이 복잡해지기 때문에 공백 역시 제거해야 한다. 다음 화면처럼 Next 버튼을 클릭한다.

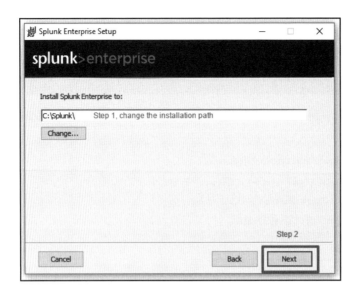

4. Install Splunk Enterprise를 Local System으로 선택하고 Next를 클릭한다.[3]

5. Create Start Menu Shortcut 체크박스가 선택된 채로 둔다.

6. Install을 클릭한다.

7. 설치가 완료될 때까지 기다린다.

8. Finish를 클릭해 설치를 완료한다. 이제 스플렁크가 기본 브라우저에서 시작될 것이다.

> 이 책에서 $SPLUNK_HOME을 참조하는 경우를 많이 볼 것이다. 이 경로가 바로 스플렁크의 설치 디렉터리이다. Windows의 경우 이 책에서 설명한 방법대로 설치했다면 $SPLUNK_HOME은 C:\Splunk\가 된다.

> Linux의 경우 $SPLUNK_HOME은 특정 사용자의 홈 디렉터리를 가리킨다. 대규모로 스플렁크를 배포하는 경우에는 이렇게 개별 사용자 설정을 따르면 안 되고, 또 그렇게 할 수도 없을 것이다.

---

3 7.1 버전부터는 4번 단계 다음 사용자이름(Username)과 비밀번호(Password)를 설정하는 단계가 추가되었다.

Linux에 스플렁크 설치하기

Linux 머신에 스플렁크를 설치하려면 다음 과정을 따라야 한다. 서두르지 말고 천천히 설치 과정을 따라가보자. Linux 사용자 프로파일의 홈 디렉터리에서 스플렁크를 실행한다는 전제로 Linux 설치 과정을 설명할 것이다.

1. 다운로드한 .tgz 파일의 압축을 푼다. 압축을 풀면 Splunk 폴더가 생성되고 그 아래 모든 관련 파일들이 위치하게 될 것이다.
2. 작업 디렉터리를 $SPLUNK_HOME/bin으로 변경한다.
3. 다음 명령문을 실행해서 처음으로 스플렁크를 시작한다.

```
./splunk start
```

4. 프롬프트 창이 뜨면 스플렁크 라이선스 정책에 동의한다.
5. 스플렁크가 정상적으로 실행되면 다음과 같은 화면이 나올 것이다.

```
Starting splunk server daemon (splunkd)...
Done
                                                      [     ]
Waiting for web server at http://127.0.0.1:8000 to be available..... Done

If you get stuck, we're here to help.
Look for answers here: http://docs.splunk.com

The Splunk web interface is at http://linux4splunk:8000

[jp@linux4splunk bin]$
```

 페즈의 조언: 대부분 기업 환경에서는 스플렁크를 /opt/에 설치하는 것이 일반적이다. Linux에 설치하는 경우 ulimit 설정을 조정하고 Transparent Huge Page(THP) 기능을 비활성화할 것을 권한다. 이렇게 하면 데이터를 실시간으로 로딩하는 스플렁크의 성능을 높일 수 있다는 것이 커뮤니티 사용자들의 조언이다.

페즈의 조언: Windows 설치와 달리 스플렁크를 Linux에 설치할 때는 스플렁크가 자동으로 재시작되도록 설정되지 않는다. Linux가 재시작될 때 스플렁크가 운영 체제와 함께 자동으로 재시작되도록 하려면 스플렁크 인스턴스에 **부트 스타트**(boot start) 설정[4]을 해야 한다.

페즈의 조언: 기업 환경에서는 스플렁크 실행과 사용을 위한 Linux 사용자 계정을 별도로 생성해야 한다. Linux root 사용자 계정 또는 개인 사용자 계정으로 스플렁크를 실행해서는 안 된다.

처음으로 로그인하기

이제 기본 브라우저에서 처음으로 애플리케이션을 실행할 차례이다. 로컬에 설치한 경우 http://localhost:8000 URL을 통해 스플렁크 웹 페이지로 직접 접속할 수 있다. 클라우드 인스턴스를 사용한다면 로컬 인터넷 주소가 아닌 일반 인터넷 연결을 통해 접속되므로 http://ipaddress:8000을 사용하라.

스플렁크를 사용하려면 최신 브라우저가 필요하다. 대부분의 구글 크롬(Google Chrome), 파이어폭스(Firefox) 버전과 인터넷 익스플로러(Internet Explorer) 최신 버전을 지원한다. 인터넷 익스플로러의 경우 이전 버전을 지원하지 않을 수도 있다.

다음 화면처럼 기본 사용자 이름으로 **admin**과 기본 암호인 **changeme**를 입력하면 로그인이 가능하다.[5]

---

4 ./splunk enable boot-start – 옮긴이

5 스플렁크 7.1 버전부터 설치 단계에서 사용자 이름과 비밀 번호를 설정하도록 변경되었으므로, 설치 시 설정한 정보를 사용하여 로그인한다. – 옮긴이

다음은 기본 사용자의 암호를 변경하는 단계이다. 이 단계를 **건너뛰어서는 안 된다**. 일상에서 아무리 강조해도 지나치지 않은 것이 바로 보안이다. 안전한 암호를 선택하라.

모든 과정이 잘 진행되었다면 다음과 같은 Splunk Enterprise 기본 화면이 나올 것이다.

간단한 검색 실행하기

이제 첫 번째 스플렁크 검색을 실행할 준비가 완료되었다.

1. Search & Reporting 앱 버튼을 바로 클릭한다. 이번 예에서는 스플렁크의 내부internal 인덱스를 사용해볼 것이다. 이 인덱스는 스플렁크가 자기 자신을 탐색splunking하는(혹은 스플렁크의 모든 자식 프로세스들에 대한 상세 정보를 수집하는) 용도로 사용된다.

> 인덱스(index)라는 용어는 스플렁크가 로그 파일, API, HTTP 이벤트, 구분된 파일 및 그 외 머신 데이터 소스로부터 수집한 이벤트 데이터를 저장하는 장소를 일컫는다. 어떤 면에서는 데이터베이스와 유사하지만, 기능 또는 성능 면에서 전통적인 관계형 데이터베이스와 비교해서는 안 된다.

2. 새로운 검색New Search 입력란에 다음 검색 쿼리를 입력한다(검색 처리 언어Search Processing Language, SPL는 3장 '검색 처리 언어'에서 좀 더 자세히 다룰 것이다).

```
SPL> index=_internal sourcetype=splunkd
```

> 이 책에서는 접두어 SPL>을 사용해 스플렁크 검색 명령문을 표기할 것이다. SPL은 스플렁크 사용자 인터페이스를 통해 제출되므로 Windows 또는 Linux 환경에서 모두 동일하게 사용할 수 있다. 인덱스 이름인 _internal 앞에 있는 밑줄은 스플렁크에서 내부적으로 사용하는 시스템 인덱스임을 의미한다. internal은 기본 인덱스가 아니기 때문에 밑줄을 생략하면 아무런 결과도 나타나지 않는다.

3. 이 검색 쿼리는 _internal 인덱스에 저장된 metrics.log 파일의 원시 이벤트를 출력 결과로 반환한다. 로그 파일은 시스템에서 발생하는 모든 이벤트에 대한 기록이다. _internal 인덱스에는 발생하는 모든 이벤트가 저장되며 여기에 쉽게 접근할 수 있다.

4. 다음 화면에서 이런 원시 이벤트를 자세히 살펴보자. 화면 왼쪽에 필드가 표시된다. 선택된 필드Selected Fields에 나타난 host, source, sourcetype은 중요하다. 나중에

자세히 설명하겠지만 일단은 지금처럼 이들 중 하나가 검색에 자주 활용된다고 이해하면 충분하다. 강조 표시된 필드에서 확인할 수 있듯이 sourcetype=splunkd인 이벤트를 찾고 있음을 알 수 있다. **선택된 필드**Selected Fields 하단에는 **관심 필드** Interesting Fields가 표시된다. 다음 화면처럼 이런 많은 필드들의 용도를 쉽게 추측할 수 있을 것이다.

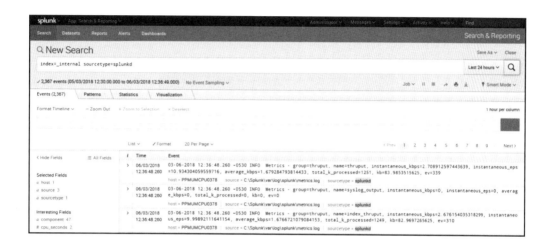

▌ 스플렁크 앱 만들기

사용자가 직접 스플렁크 애플리케이션을 만들 때는 해당 애플리케이션에 대한 환경구성 설정을 별도로 분리해 스플렁크에 추가하는 것이 좋다. 이전에 앱을 만들어본 경험이 없어도 그다지 어렵지 않게 앱을 만들 수 있다. 이제 Destinations라는 기본 앱을 생성해보자. 이후 계속 이 앱을 사용할 것이다.

1. **앱 관리**Manage App 페이지로 이동한다. 두 가지 방법이 있는데, 첫 번째는 다음 화면처럼 홈페이지에서 Apps 아이콘을 클릭하는 것이다.

2. 아니면 Search & Reporting 앱의 탐색바navigation bar 상단에 있는 앱 드롭다운에서 **앱 관리**Manage Apps를 선택한다.

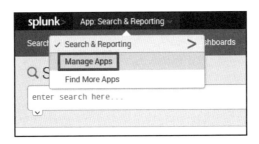

3. **앱 관리**Manage Apps 페이지에서 다음 화면처럼 **앱 만들기**Create app 아이콘을 클릭한다.

4. 마지막으로 다음 정보를 폼forms에 입력하고 앱 생성을 완료한다. 완료되었으면 **저장**Save 버튼을 클릭해 첫 번째 스플렁크 앱 생성을 마친다.

5. 첫 번째 스플렁크 앱이 생성되었다. 앱 목록에 이 앱이 나타나고 **사용가능**^{Enabled} 상
   태가 되었음을 볼 수 있다. 이제 사용할 준비가 된 것이다.

Name ⇕	Folder name ⇕	Version ⇕	Update checking ⇕	Visible ⇕	Sharing ⇕
SA-Eventgen	SA-Eventgen	@build.version@	Yes	Yes	Global | Permissions
SplunkForwarder	SplunkForwarder		Yes	No	App | Permissions
SplunkLightForwarder	SplunkLightForwarder		Yes	No	App | Permissions
Log Event Alert Action	alert_logevent	7.0.2	Yes	No	App | Permissions
Webhook Alert Action	alert_webhook	7.0.2	Yes	No	App | Permissions
Apps Browser	appsbrowser	7.0.2	Yes	No	App | Permissions
Destinations	destinations	1.0	Yes	Yes	App | Permissions
framework	framework		Yes	No	App | Permissions
Getting started	gettingstarted	1.0	Yes	Yes	App | Permissions

이제부터는 이 앱을 사용해서 연습문제를 풀어갈 것이다. 그 전에 먼저 변경해야 할 중요
한 사항이 몇 가지 있다.

1. 이전 화면에서 **권한**Permission 링크를 클릭한다.
2. 다음 창에서 **config 파일 전용 개체에 대한 공유**Sharing for config file-only objects 섹션 하단
   의 **모든 앱**All apps을 선택한다.

지금 이 단계들은 2장 후반부에 설치할 Eventgen 애드온add-on에서 해당 앱에 접근 가능
하도록 설정하는 과정이다. 다음 화면을 참고하라.

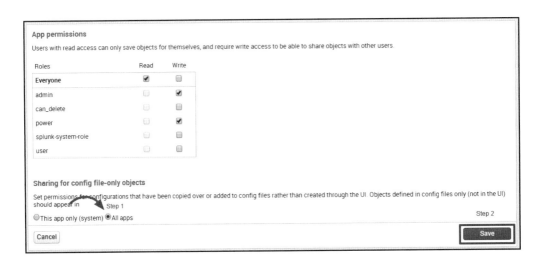

스플렁크 권한permissions은 항상 세 개의 열(역할Roles, 읽기Read 및 쓰기Write)로 구성된다. 역할

Role은 사용자가 취할 수 있는 특정 자격authorizations 또는 권한permissions을 말한다. 특정 역할에 읽기Read를 선택하면 해당 역할을 갖는 사용자들에게 객체를 볼 수 있는 권한이 부여된다. 쓰기Write를 선택하면 사용자들이 객체를 수정할 수 있다. 이전 화면은 모든 사용자Everyone가 Destinations 앱을 볼 수 있지만 오직 admin과 power 사용자만 수정이 가능하도록 설정한 경우이다.

Eventgen으로 데이터 생성하기

머신 데이터는 컴퓨터 및 그 외 기계적 장치에서 실행되는 많은 명령functions들에 의해 생성된다. 업무상 방대한 머신 데이터를 다루는 환경이라면 스플렁크로 쉽게 수집 가능한 데이터 소스들을 많이 접할 수 있을 것이다. 그러나 이 책에서는 학습을 위해 Splunk Eventgen이라는 스플렁크 애드온을 사용해 실시간 웹 로그 데이터를 임의로 생성해볼 것이다. 웹 로그 데이터는 웹 기반 전자상거래 회사에서 생성되는 데이터 종류이다.

 Eventgen에 대한 자세한 정보는 해당 프로젝트의 깃허브 저장소(GitHub repository)인 https://github.com/splunk/eventgen/을 참고하면 된다.

CLI로 Eventgen 설정하기

다음은 Windows 사용자에게 중요한 정보이다. 항상 관리자 모드에서 명령 프롬프트를 시작하는 습관을 들이는 것이 좋다. 이렇게 하면 Windows 보안 경고 없이 명령문을 사용할 수 있다.

1. Windows 시작 메뉴 아이콘을 마우스 오른쪽 버튼으로 클릭하고 Search(검색)를 선택한다. Windows 7에서는 Windows 아이콘을 클릭하면 검색 창이 바로 위에 보일 것이다 Windows 10에서는 Windows 아이콘 옆에 Cortana라는 검색바

가 있어서 바로 입력이 가능하다. 둘 다 기본 기능은 동일하다.

2. 검색바에 cmd를 입력한다.

3. 검색 결과에서 command.exe(Windows 7) 또는 명령 프롬프트^{Command Prompt}(Windows 10)를 찾아 마우스 오른쪽 버튼으로 클릭한 다음 **관리자 권한으로 실행**^{Run as administrator}을 선택한다.

> 지금과 같은 방법에 익숙해지는 것이 좋다. 이 책을 읽다보면 관리자 모드로 명령 프롬
> 프트를 열어야 할 때가 많을 것이다. 명령 프롬프트 창 제목에 관리자: 명령 프롬프트
> (administrator: Command Prompt)라고 표시되므로 현재 관리자 모드에 있는지 여부를
> 확인할 수 있다.

Eventgen 애드온 설치하기(Windows와 Linux)[5]

스플렁크 애드온^{add-on}은 스플렁크의 기본 기능을 확장하고 강화하는 역할을 한다. 애드온은 일반적으로 특정 소스에 대해 미리 작성된 규칙을 적용해 데이터를 풍부하게 함으로써 보다 신속한 분석을 가능하게 한다. 이 절에서는 Splunk Eventgen이라는 첫 번째 애드온을 설치해볼 것이다. 이를 활용하면 가상의 실시간 웹 데이터를 스플렁크에 저장할 수 있다.

1. Eventgen 공개 저장소^{public repository}인 http://github.com/splunk/eventgen에서 ZIP 파일을 다운로드한다. 녹색 **Clone or download** 버튼을 클릭한다. Linux 사용자를 위해서는 이 책에서 사용하는 Eventgen 파일을 https://github.com/PacktPublishing/Splunk-7-Essentials-Third-Edition 다운로드 사이트에 올려놓았다.

---

5 이 절의 설명을 따를 경우 Github에 올라온 파일이 계속해서 커밋되고 있기 때문에 Eventgen 설치가 제대로 되지 않을 수 있다. 1단계부터 9단계를 따르는 대신, 좀 더 안전하고 간편한 방법으로 다음을 따르기를 권장한다. 먼저 스플렁크에 로그인해서 화면 좌측 "추가 앱 찾기"를 클릭한다. Eventgen을 검색하면 해당 앱이 가장 위쪽에 보일 것이다. 설치 버튼을 클릭하면 스플렁크 웹사이트 가입 시 사용했던 사용자 이름과 암호를 입력해서 설치를 진행할 수 있다. 재시작 후 메뉴바에 위치한 설정 → 데이터 입력 → SA-Eventgen을 차례로 클릭한 다음 상태를 활성화로 변경하면 Eventgen이 시작된다. Windows와 Linux에 동일하게 사용할 수 있는 방법이다.

2. 독자 환경의 root 위치에 ZIP 파일의 압축을 푼다.

3. 폴더 이름을 SA-Eventgen으로 변경한다. Windows에서는 GUI를, 리눅스에서는 mv 명령어를 이용해 작업한다.

4. 관리자 명령 프롬프트 혹은 Linux 셸^{shell}을 열고 다음 명령문을 실행한다(사선 방향에 유의하라).

```
Windows: C:> xcopy SA-Eventgen C:\Splunk\etc\apps\SA-Eventgen /O /X /E /H /K
Linux: mv SA-Eventgen /$SPLUNK_HOME/etc/apps/
```

5. 프롬프트에 다음 디렉터리 명령문을 입력해 복사가 제대로 되었는지 확인하고 폴더 내 파일들이 있는지 점검한다.

```
Windows: C:> dir C:\Splunk\etc\apps\SA-Eventgen
Linux: ls -l /$SPLUNK_HOME/etc/apps/
```

다음 (Windows) 화면에서 방금 복사된 SA-Eventgen 폴더 내에 있어야 할 파일들을 확인할 수 있다. Linux도 역시 비슷한 위치에 동일한 파일이 있을 것이다.

6. 웹 브라우저를 통해 스플렁크 인터페이스로 돌아가서 **설정**Settings 드롭다운 하단 **시스템**SYSTEM 섹션에 있는 **서버 컨트롤**Server controls을 클릭해 스플렁크를 재시작한다.

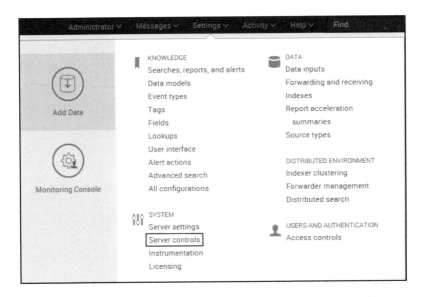

7. **서버 컨트롤**Server controls 페이지에서 **Splunk 다시 시작**Restart Splunk 버튼을 클릭한다. 재시작 창이 뜨면 OK(확인)를 클릭한다.

8. 웹 인터페이스에서 먼저 스플렁크가 백그라운드에서 재시작 중임을 알려주고 그 이후 재시작이 성공했음을 알려준다. 스플렁크가 다시 시작될 때마다 올바른 인증 정보로 로그인을 해야 한다. 로그인해보자.

9. 로그인 이후 연결되는 Splunk Enterprise 페이지에서 Eventgen 앱을 볼 수 있을 것이다. **앱 관리**Manage Apps 페이지로 이동해 SA-Eventgen 애플리케이션이 설치되었음을 확인한다.

성공적으로 스플렁크 애드온이 설치되었다.

▌ 스플렁크 제어하기

스플렁크를 중지, 시작, 재시작하는 방법에는 여러 가지가 있다. 스플렁크를 재시작하는 가장 쉬운 방법은 이전 절에서 설명한 것처럼 웹 인터페이스를 통해서이다. 그러나 웹 인터페이스에서는 스플렁크 인스턴스의 재시작만 가능하다. 다른 제어 옵션은 제공하지 않는다.

가장 자유롭게 스플렁크를 제어하는 방법은 CLI를 사용하는 것이다. CLI 사용은 스플렁크 관리자에게 필수적인 기술이다.

콘솔 혹은 명령 프롬프트에 다음 명령문을 입력하고 키보드의 Enter를 누른다.

```
Windows: C:\> cd C:\Splunk\bin
Linux: cd /$SPLUNK_HOME/bin
```

$SPLUNK_HOME/bin 디렉터리에서 다음 명령문을 실행해 스플렁크를 다시 시작한다.

```
Windows: C:\Splunk\bin>splunk restart
Linux: [user@server bin]$ ./splunk restart
```

이 명령문을 실행하면 splunkd가 재시작될 것이다. 다음은 스플렁크를 제어하기 위해서 스플렁크 애플리케이션에 전달 가능한 기본 매개 변수들이다.

Windows:

- splunk status: splunkd 실행 여부 확인
- splunk stop: splunkd 및 모든 관련 프로세스 중지
- splunk start: splunkd 및 모든 관련 프로세스 시작
- splunk restart: splunkd 및 모든 관련 프로세스 재시작

Linux:

- ./splunk status: splunkd 실행 여부 확인
- ./splunk stop: splunkd 및 모든 관련 프로세스 중지
- ./splunk start: splunkd 및 모든 관련 프로세스 시작
- ./splunk restart: splunkd 및 모든 관련 프로세스 재시작

CLI에서 이 작업을 실행하면 상세 메시지를 볼 수 있다는 장점이 있다. 상세 메시지란 많은 정보가 포함된 자세한 메시지를 뜻한다. 이러한 메시지는 시스템이 올바르게 동작하는지 확인하거나 오류를 해결하는 데 유용하다.

Splunkd를 성공적으로 재시작하면 보통 다음과 같은 결과가 출력된다(상세 내역은 다를 수 있다).

```
C:\Splunk\bin>splunk restart
Splunkd: Stopped

Splunk> 4TW

Checking prerequisites...
        Checking http port [8000]: open
        Checking mgmt port [8089]: open
        Checking appserver port [127.0.0.1:8065]: open
        Checking kvstore port [8191]: open
        Checking configuration...  Done.
        Checking critical directories...        Done
        Checking indexes...
                Validated: _audit _internal _introspection _telemetry _thefishbucket history main summary
        Done
        Checking filesystem compatibility...  Done
        Checking conf files for problems...
        Done
        Checking default conf files for edits...
        Validating installed files against hashes from 'C:\Splunk\splunk-7.0.1-2b5b15c4ee89-windows-64-manifest'
        All installed files intact.
        Done
All preliminary checks passed.

Starting splunk server daemon (splunkd)...

Splunkd: Starting (pid 12720)
Done

Waiting for web server at http://127.0.0.1:8000 to be available. Done

If you get stuck, we're here to help.
Look for answers here: http://docs.splunk.com

The Splunk web interface is at http://DESKTOP-M98Q20N:8000

C:\Splunk\bin>
```

Windows에서도 다음 화면처럼 Splunkd Service를 통해 스플렁크를 제어할 수 있다. 데몬daemon을 나타내는 서비스 이름의 d는 백그라운드 프로세스를 의미한다. 두 번째 서비스인 splunkweb은 중지된 상태이다. splunkweb은 더 이상 사용되지 않으며 레거시 용도로만 사용되므로 시작해서는 안 된다. 스플렁크가 실행시키는 웹 애플리케이션은 Splunkd Service에 번들로 포함돼 있다.

Software Protection	Enables the ...		Automatic (D...	Network S...
Splunkd Service	Splunkd is t...	Running	Automatic	Local Syste...
splunkweb (legacy purposes only)	The splunk...		Automatic	Local Syste...
Spot Verifier	Verifies pote...		Manual (Trig...	Local Syste...

▌ Eventgen 설정하기

이제 거의 다 왔다. 이 책에서 사용할 파일들을 다운로드할 차례이다. 관리자 명령 프롬프트를 열고 Windows 시스템 또는 Linux 사용자 셸의 루트에 위치하는지 확인한다. https://github.com/PacktPublishing/Splunk-7-Essentials-Third-Edition에 접속해서 컴퓨터에 ZIP 파일을 다운로드하고 압축을 푼다.

이 책에 수록된 연습문제를 위해 필요한 Eventgen 환경설정은 패키지로 제공되며 바로 사용 가능하다. Eventgen을 구성하는 방법에 대한 자세한 내용은 다루지 않을 것이다. Eventgen에 대해 더 자세히 알고 싶다면 프로젝트 페이지 https://github.com/splunk/eventgen/을 방문하기 바란다.

다음 절차에 따라 진행한다.

1. 로컬 머신에 ZIP 파일의 압축을 푼다. 관리자 콘솔을 열고 디렉터리 변경 명령어를 사용해 파일의 압축을 풀 위치를 설정한다.

2. Destinations 스플렁크 앱에 samples 디렉터리를 생성한다. 이 디렉터리의 경로는 $SPLUNK_HOME/etc/apps/destinations/samples가 돼야 한다.

```
Windows: C:> mkdir C:\Splunk\etc\apps\destinations\samples
Linux: mkdir /splunk/etc/apps/destinations/samples
```

3. 압축을 푼 디렉터리의 *.sample 파일 전부를 새롭게 생성한 samples 디렉터리로 복사한다. Windows 사용자 역시 GUI 상에서 복사 후 붙여넣기를 한다.

```
Windows: C:> copy C:\splunk-essentials-
            master\labs\chapter01\eventgen\*.sample
         C:\Splunk\etc\apps\destinations\samples
Linux: cp /splunk-essentials-
       master/labs/chapter01/eventgen/*.sample
/splunk/etc/apps/destinations/samples
```

4. 이제 eventgen.conf를 $SPLUNK_HOME/etc/apps/destinations/local 디렉터리로 복사한다. Windows 사용자 역시 GUI를 사용해 복사와 붙여넣기가 가능하다.

```
Windows: C:> copy C:\splunk-essentials-master\labs
            \chapter01\eventgen\eventgen.conf
               C:\Splunk\etc\apps\destinations\local
Linux:   cp /splunk-essentials-master/labs/chapter01/eventgen.conf
/splunk/etc/apps/destinations/local
```

5. SYSTEM Windows 계정에 eventgen.conf 파일로 접근할 수 있는 권한을 부여한다. 이는 매우 중요한 단계이다. 다음 icacls 명령을 사용하거나 Windows GUI를 사용해 변경할 수 있다. Linux 사용자는 이 단계(5단계)가 필요하지 않다. 바로 6단계로 넘어가면 된다.

```
C:> icacls C:\Splunk\etc\apps\destinations\local\eventgen.conf
            /grant SYSTEM:F
```

성공적으로 실행하면 다음과 같은 결과가 나타난다.

```
processed file: C:\Splunk\etc\apps\destinations\local\eventgen.conf
                Successfully processed 1 files; Failed processing 0 files
```

6. 스플렁크가 재시작된다.

▌ Destinations 앱 살펴보기

다음은 Destinations 앱이 어떻게 동작하는지 살펴볼 차례이다. 가상의 웹 회사로부터 이벤트를 수집하도록 설정했음을 기억할 것이다. 앱을 만들면서 Eventgen과 함께 동작하도록 설정을 했다. 이제부터 데이터 일부를 살펴보도록 하자.

1. 재시작이 성공적으로 완료되면 스플렁크에 다시 로그인해 Destinations 앱으로 이동한다.

2. 검색^{Search} 필드에 다음 검색 쿼리를 입력하고 Enter를 누른다.

```
SPL> index=main
```

새로운 앱을 통해 스플렁크로 유입되는 이벤트 데이터를 살펴보자. 참조 브라우저, 시스템 등 웹 기반 전자상거래 회사의 운영 기반이 되는 많은 정보들을 볼 수 있다.

시간 범위를 **5분 실시간**[5 minute window]으로 변경하고 입력되는 데이터를 눈으로 확인한다.

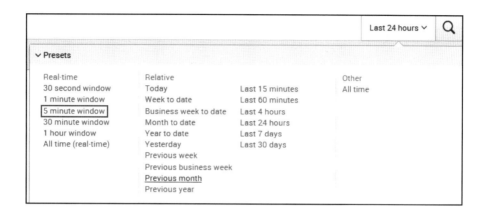

드디어 완성되었다. 이제 다음 장에서 사용할 실시간 웹 로그 데이터가 만들어졌다.

> **페즈의 조언:** 스플렁크 보고서를 실시간 창에서 실행하면 스플렁크에 더 많은 부하가 가해지는데, 이는 실시간 Windows가 갖는 특성으로 인해 지속적으로 검색이 재실행되기 때문이다. 반드시 필요한 경우가 아니면, 사용자 요청이나 사전에 협의된 일정에 따라 시간 간격을 설정해 보고서가 실행되도록 하는 것이 좋다.[6]

▌첫 번째 대시보드 만들기

스플렁크에 데이터를 저장했으므로 이제는 그 데이터에서 의미 있는 정보를 도출해낼 차례이다. Destinations 앱에 있음을 확인했는가? 지금부터는 새로운 대시보드와 대시보드 패널을 만드는 기본적인 과정을 보여줄 것이다.

다음 검색 쿼리를 **검색**[Search] 필드에 입력하거나 복사/붙여넣기를 한 후 Enter를 누른다.

---

6 보고서(report)는 저장된 검색(saved search), 즉 저장된 SPL로 이해해도 무방하다. – 옮긴이

```
SPL> index=main /booking/confirmation earliest=-24h@h | timechart
     count span=15m
```

검색 결과가 나오면 **시각화**Visualization 탭을 클릭한다. 이렇게 하면 결과가 시각화visualization 차트로 변환돼 데이터가 어떻게 보일지 쉽게 확인할 수 있다. 기본 설정에서는 다음 화면 처럼 Column Chart(컬럼 차트)가 적용된 결과를 볼 수 있다. 결과가 다른 경우 다음 화면을 참고해서 다시 설정하면 된다.

Column Chart로 결과가 변환된 것을 확인했다면, 다음은 이를 대시보드로 저장할 차례이 다. 페이지 우측 상단의 **다른 이름으로 저장**Save As을 클릭하고 다음 화면처럼 **대시보드 패널** Dashboard Panel을 선택하라.

이제 다음 화면처럼 대시보드 패널 정보를 입력해보자. **대시보드 권한**^{Dashboard Permissions} 섹션에서 **앱에서 공유됨**^{Shared in App}을 선택했는지 확인하라.

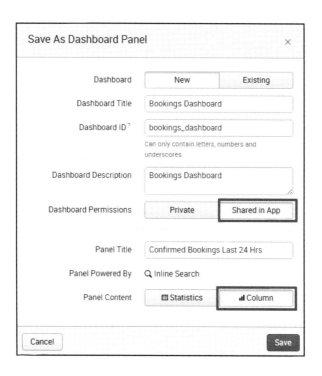

다음 프롬프트에서 **대시보드 보기**^{View Dashboard}를 클릭하고 종료한다.

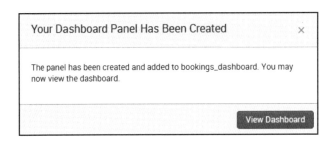

최근 24시간 동안 15분 간격으로 확정된 예약건수를 보여주는 단일 패널로 첫 번째 스플렁크 대시보드를 완성했다. Eventgen이 잠시 실행되도록 놓아둔 후 대시보드를 다시 실행하면 데이터가 계속 생성되면서 내용이 채워질 것이다. 이제 상사에게 보고만 하면 된다.

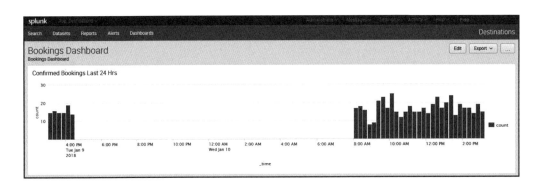

1장에서는 스플렁크를 다운로드하고 설치해봤으며 간단한 사용법을 익혀봤다. 이제 실시간 데이터로 스플렁크의 완전한 기능을 경험해볼 차례이다. 두 시간 정도 스플렁크가 실행되도록 놓아두자. 다른 일을 해야 한다면 스플렁크를 중지해서 인덱싱되지 않도록 해도 된다. 다음 장으로 넘어갈 준비가 되었을 때 스플렁크를 다시 시작하라.

커맨드라인에서 스플렁크를 제어하는 방법을 기억하기 바란다.

```
Windows:    C:\Splunk\bin> splunk stop
            C:\Splunk\bin> splunk start
            C:\Splunk\bin> splunk restart
Linux:      bin]$ ./splunk stop
            bin]$ ./splunk start
            bin]$ ./splunk restart
```

▌요약

1장에서는 스플렁크라는 강력한 툴을 처음으로 사용하기 위해 필요한 기본 개념들을 배웠다. 스플렁크를 설치하고 새로운 스플렁크 앱을 구성하는 방법도 살펴봤다. 스플렁크 내부 로그에 간단한 검색을 실행해 애플리케이션이 동작하는지 확인했다. 그 이후 Eventgen이라는 스플렁크 애드온을 설치해서 스플렁크에 실시간으로 가상의 데이터를 채워넣었다. 웹 사용자 인터페이스와 CLI를 사용해 스플렁크를 제어하는 방법도 설명했다. 마지막에는 검색 하나로 첫 번째 스플렁크 대시보드를 만들어봤다. 이어지는 장에서는 대시보드를 사용해 더욱 창의적인 콘텐츠를 만들어볼 것이다.

이제 2장 데이터 가져오기로 넘어갈 차례이다. 데이터를 수집하는 방법에 대해 더 자세하게 배워보자.

02

데이터 가져오기

전산 시스템은 매일 생성되는 엄청난 양의 데이터를 처리한다. Splunk Enterprise를 사용하면 이런 많은 시스템에서 데이터를 쉽게 가져올 수 있다. 이런 데이터를 흔히 머신 데이터라고 한다. 머신은 대부분 지속적으로 혹은 스트리밍 방식으로 데이터를 생성하는데, 스플렁크는 스트리밍 데이터를 쉽고 효율적으로 처리할 수 있으므로 머신 데이터 처리에 특히 유용하다.

머신 데이터를 수집하는 것 외에도, Splunk Enterprise를 활용하면 데이터를 저장하거나 검색할 때 데이터를 보강하고 품질을 높일 수 있다. 머신 데이터는 비지니스 규칙과 논리로 보강할 수 있으며, 그렇게 되면 고급 검색이 가능해진다. 종종 머신 데이터에 기존 행/열 데이터가 결합돼 상품 계층 정보 같은 비즈니스 컨텍스트가 입혀지기도 한다.

2장에서는 스플렁크와 빅데이터라는 개념이 어떤 관련이 있는지 그리고 스플렁크로 데이터를 수집하는 가장 일반적인 방법이 무엇인지 살펴볼 것이다. 또한 포워더^{forwarder}, 인덱스^{index}, 이벤트^{event}, 이벤트 타입$^{event\ type}$, 필드^{field}, 소스^{source}, 소스타입^{sourcetype}과 같은 필수 기본 개념들을 소개할 것이다. 2장에서 설명하는 내용을 초기에 이해하는 것이 무엇보다 가장 중요한데, 왜냐하면 이를 통해 데이터에서 가장 중요한 가치를 찾아내는 능력이 개발되기 때문이다. 2장에서 다룰 주제는 다음과 같다.

- 스플렁크와 빅데이터
- 스플렁크 데이터 소스
- 스플렁크 인덱스$^{splunk\ indexes}$
- 스플렁크로 데이터 넣기
- 스플렁크 이벤트$^{splunk\ events}$와 필드$^{splunk\ fields}$

스플렁크와 빅데이터

빅데이터라는 용어는 여러 분야에서 폭넓게 언급되는데, 종종 그렇듯 그 의미가 저마다 다르게 해석되기도 한다. 2장에서는 빅데이터의 공통적인 특성을 살펴볼 것이다.

오늘날 데이터가 매우 많다는 것은 의심의 여지가 없는 사실이다. 그러나 일반적으로 오늘날의 빅데이터라는 용어는 용량이 크다는 것만으로 특징지을 수 있는 것은 아니다. 기존 조직의 데이터 시스템으로는 처리할 수도, 분석할 수도 없을 정도로 광범위하다는 뜻의 가변성^{variability}을 포함해 여러 요인들을 특징으로 한다.

스트리밍 데이터

스트리밍 데이터는 거의 항상 데이터 기본 단위마다 붙어 있는 타임스탬프^{timestamp}와 함께 생성된다. 지속적으로 증가하는 로그 파일에서 데이터를 모니터링하고 추적하거나 포트^{port}에 수신된 데이터를 수집하는 것은 스플렁크의 기본적인 기능이다.

그러나 스트리밍 데이터는 유용성 측면에서, 특히 상세한 정도에서 여타 데이터와 다를 바가 없다. 예를 들어, 방화벽 로그를 생각해보자. 스플렁크는 실시간으로 방화벽 로그 파일에 기록된 이벤트를 수집하고 저장한다.

일반적으로 스플렁크에 실시간으로 기록되는 행위^{activity} 이벤트는 많고 다양할 것이다. 그러나 이런 이벤트 중 상당수는 행위가 성공적으로 수행되었음을 나타내는 정상적인 로깅 이벤트이다.

원본 데이터의 경우, 데이터 보관 기간 그리고/혹은 보관 방법을 결정하는 것이 중요하다. 또한 원본 데이터가 모두 필요한지 혹은 특정 종류의 이벤트만 필요한지 파악하는 것 역시 잊어서는 안 된다.

분석 데이터 지연

데이터와 관련해 지연^{latency}이라는 용어는 데이터 수집에서 분석 결과에 대한 보고가 가능할 때까지 걸리는 시간을 나타낸다.

스플렁크를 적절한 용량의 하드웨어에 배포하면 실시간(1초 미만, 종종 1/100초 또는 1/10초 미만)으로 데이터를 수집하고 분석하는 것이 가능하다. 예를 들어, 스플렁크 경고$^{splunk\ alert}$가 트리거되면, 즉시 서버를 종료하는 스크립트를 실행할 수 있다. 또한 서비스 거부 공격(전자상거래 회사의 수익을 크게 악화시킬 수 있는 사이버 공격)이 발생하면 스플렁크를 사용해 실시간으로 현황을 파악할 수 있다.

실시간 데이터가 아닌 경우, 스플렁크는 수집할 데이터를 모니터링하다가 데이터가 감지될 때 수집을 실행할 수 있으며 소스 데이터와 시스템 성격을 고려해 예정된 시각에 데이터 수집 서비스를 실행하거나 수신을 기다리는 서버 포트를 감지하다 데이터가 도착하는 시점에 수집되도록 설정할 수 있다.

데이터의 희소성

스플렁크는 희소 데이터sparse data를 처리하는 데에도 탁월하다. 대부분의 소매업 관련 데이터가 희소한 경우에 해당한다. 보유 상품 개수는 많으나 대부분의 고객들이 쇼핑 중 단 몇 개의 상품만 구매하는 매장을 생각해보자. 매장 데이터베이스에 특정 종류의 제품을 각 고객이 얼마나 많이 구매했는지 표시하는 필드가 있을 때, 시간 간격이 짧다면 대부분의 필드가 비어 있게 될 것이다. 이런 경우를 데이터가 희소하다sparse고 말한다. 스플렁크가 데이터 희소성과 관련해 검색에서 지원하는 범위는 조밀한 데이터(10% 이상의 시간 범위에서 결과를 얻는다는 의미)에서부터 희소한 데이터(0.01%에서 1%까지의 시간 범위)까지이다. 물론 "건초 더미에서 바늘 찾기" 식의 훨씬 더 희소한 검색(0.01% 이하)도 가능하며 심지어 아주 드문 몇 건의 데이터도 검색해낼 수 있다.

▍ 스플렁크 데이터 소스

스플렁크는 다양한 컴퓨터 시스템으로부터 발생하는 머신 데이터를 추적하고 분석하기 위해 개발되었다. 이런 목적으로 최적화된 강력한 플랫폼인 것이다. 그러나 그 이후로 스트리밍streaming 로그 데이터, 데이터베이스database 및 스프레드시트spreadsheet 데이터, 웹 서비스로 발생하는 데이터를 비롯해 무수히 많고 다양한 종류의 데이터를 처리하는 데 사용되고 있다. 흔히 스플렁크를 사용해 처리하는 다양한 종류의 데이터를 다음 몇 절에서 설명할 것이다.

머신 데이터

이전에도 언급했지만 스플렁크에서 데이터와 관련된 기능 대부분은 머신 데이터에 중심을 두고 있다. 머신 데이터는 머신이 무언가를 할 때마다 생성되는 데이터로, 로그인 성공 데이터처럼 외견상 중요해 보이지 않을 수 있다. 각 이벤트에는 정확한 시간(0.01초 또는 0.001초 단위까지)과 소스에 대한 정보가 있으며, 이들 각각이 해당 이벤트와 관련된 필드가 된다. **머신 데이터**라는 용어는 서버에서 운영 체제, 로보틱 어셈블리 암^{robotic assembly arms}을 위한 컨트롤러에 이르기까지 전산 시스템에서 생성되는 다양한 데이터를 지칭할 때 사용된다. 거의 모든 머신 데이터에는 생성된 시각 혹은 실제 이벤트가 발생한 시각이 포함된다. 타임스탬프가 없는 경우 스플렁크는 파일의 마지막 수정 시간을 기준으로 소스 이름 또는 파일 이름에서 날짜를 찾는다. 이 방법이 실패할 경우 최후의 수단으로 스플렁크에 인덱싱된 시각을 타임스탬프로 처리한다.

웹 로그

웹 로그는 웹 사이트가 어떻게 사용되고 있는지 파악하고자 할 때 귀중한 정보의 원천이 된다. 웹 로그를 심도 있게 분석하면 가장 많이 방문한 페이지가 무엇인지, 문제가 있는 페이지가 무엇인지(잠깐 머물다 곧 떠나는 사람들, 장바구니 삭제, 코딩 오류 및 그 외 작업 중단) 등 기타 많은 문제에 대한 답을 찾을 수 있다.

데이터 파일

스플렁크는 기본적으로 모든 종류의 파일로부터 데이터를 읽을 수 있다. 또한 `tar`, `gz`, `bz2`, `tar.gz`, `tgz`, `tbz`, `tbz2`, `zip`, `z`와 같이 다양한 압축 파일을 해제할 수도 있다.

소셜 미디어 데이터

소셜 미디어에서는 엄청난 양의 데이터가 초 단위로 생성된다. 페이스북^{Facebook}에 매일 13억 7,000만 명(https://zephoria.com/top-15-valuable-facebook-statistics/)이 로그인하고 개인이 평균 20분을 소비하는 것이 현실이다. 사진, 오디오 파일 혹은 비디오 업로드처럼 데이터를 많이 사용하는 활동이 아니더라도 페이스북(혹은 또 다른 소셜 미디어)에서 벌어지는 많은 행위들로 인해 상당한 양의 데이터가 발생한다. 그 외 다른 소셜 미디어와 관련된 데이터 소스로는 미국의 트위터^{Twitter}, 인스타그램^{Instagram}, 링크드인^{LinkedIn}, 중국의 큐

존QZone, 위챗WeChat, 웨이보Weibo 등과 같은 유명한 사이트들이 있다. 소셜 미디어 사이트가 늘어남에 따라 이런 사이트의 운영 기반인 IT 인프라에서 쏟아지는 소셜 미디어 데이터 및 머신 데이터의 양은 매년 크게 증가하고 있다.

관계형 데이터베이스 데이터

스플렁크는 DB Connect라는 무료 앱을 제공하는데, 이를 사용하면 Oracle 및 Microsoft SQL Server 같은 관계형 데이터베이스 관리 시스템을 쉽고 빠르게 연동할 수 있다. DB Connect는 관계형 데이터베이스 데이터와 관련된 세 가지 주요 기능을 지원한다.

- SQL 쿼리를 사용해 데이터베이스 테이블에서 스플렁크로 데이터 가져오기
- 스플렁크 필드를 데이터베이스의 테이블 필드로 매핑하면서 스플렁크에서 데이터베이스 테이블로 데이터 내보내기
- 런타임 룩업을 실행해 일반적으로 데이터베이스에 저장된 고객 목록 또는 제품 목록 같은 참조 데이터를 가져와 구성상 부가적인 내용을 이벤트 데이터에 덧붙이기

그 외 데이터 종류

스플렁크는 거의 모든 종류의 데이터를 처리한다. 스크립트 입력scripted input 및 모듈러 입력modular input 역시 포함된다. 때로는 원하는 방식으로 데이터가 인덱싱되도록 하기 위해 데이터 설정을 위한 스크립트를 사용해야 할 때도 있다. 또는 어떤 방식으로든 특이한 소스로부터 데이터를 수집하고 싶을 수도 있고, 정확하게 필드가 설정되었는지 확인하고 싶을 수도 있다. 이러한 이유로 Python 스크립트, Windows 배치 파일, 셸 스크립트 및 기타 유틸리티를 사용해 수집 대상 데이터가 정확하게 형식이 맞춰졌는지 확인하는 것이 좋다. 스플렁크에서 직접 데이터를 수집할 때 여러 가지 다양한 데이터 종류를 볼 수 있을 것이다.

▌ 인덱스 생성하기

인덱스는 Splunk Enterprise가 처리하는 모든 데이터를 저장하는 장소이다. 기본적으로는 데이터베이스 집합체^{collection of databases}로서, 보통 `$SPLUNK_HOME/var/lib/splunk`에 위치한다.[1] 데이터를 검색하려면 먼저 데이터가 인덱싱돼야 한다. 바로 다음에 이에 대해 설명할 것이다.

 페즈의 조언: 인덱스 용량 및 데이터 관리 측면에서 조정할 수 있는 설정들은 매우 다양하고 복잡하다. 이 책에서는 다루지 않지만 상황에 따라서는 복잡한 설정이 필요할 수도 있다. 그럴 경우 전체 용량, 버킷 파라미터(buckets parameters), 아카이빙(archiving), 기타 최적화 설정 등 인덱스 관리와 관련된 다양한 설정들을 고려해야 한다.

인덱스를 생성하는 방법은 스플렁크 사용자 인터페이스를 사용하는 방법 혹은 `indexes.conf` 파일을 생성하는 방법 이렇게 두 가지이다. 이 책에서는 스플렁크 포털을 사용해 인덱스를 생성하는 방법을 설명할 텐데, 이렇게 하면 `indexes.conf` 파일이 즉시 생성된다는 것을 알고 있어야 한다.

 스플렁크 사용자 인터페이스에서 설정을 추가하고 변경하면 이런 변경 항목은 대부분 $SPLUNK_HOME 디렉터리 아래에 있는 환경설정 파일(.conf)에 저장된다.

이제 샘플 Windows perfmon 로그를 저장하기 위해 `winlogs`라는 인덱스를 생성해볼 것이다. 이를 위해 다음 단계를 따른다.

1. 스플렁크 탐색바^{navigation bar}에서 **설정**^{Settings}으로 이동한다.
2. **데이터**^{Data} 섹션에서 **인덱스**^{Indexes}를 클릭하면 인덱스^{Indexes} 페이지로 이동할 것이다.

---

1 스플렁크에서는 데이터 인덱싱(indexing)을 데이터 저장으로, 인덱스(index)를 저장장소로 이해해도 무방하다. – 옮긴이

3. 화면 우측 상단 **새로 만들기인덱스**^{New Index} 버튼을 클릭한다.

4. 다음 화면처럼 새로 만들 인덱스 정보를 입력한다. 스크롤바를 움직여 1단계부터 6단계까지 각 단계에서 요구하는 정보를 모두 입력한다.

다음 화면은 1단계부터 3단계까지이다.

다음 화면은 4단계와 5단계이다.

5. 완료되면 **저장**(Save) 버튼을 누른다.

다음과 같이 새로운 인덱스가 생성된 것을 목록에서 확인할 수 있다.

지금까지 설명한 단계들을 거치면 새로운 indexes.conf 파일이 생성된다.

이제 이 파일을 확인해보자. Windows에서는 메모장(Notepad)을 사용하면 된다. Linux에서는 Notepad++ 같은 비주얼 텍스트 편집기를 사용하거나 커맨드라인에서 vi를 사용한다.

지금 열어볼 indexes.conf 파일은 $SPLUNK_HOME\etc\apps\destinations\local에 위치할 것이다. 이 인덱스에 destinations 앱을 지정함으로써 destination 디렉터리 아래에 해당 indexes.conf 파일이 위치하게 되는 것이다.

페즈의 조언: 스플렁크 환경을 구축할 때 애플리케이션별로 콘텐츠를 구성하라. 이렇게 하면 모든 환경설정이 하나의 애플리케이션 내에 저장되는 것이 아니라 필요에 따라 애플리케이션별로 환경설정을 일관되게 나누어 저장하고 관리할 수 있다. 스플렁크가 점차 확장됨에 따라 당연히 이런 방식을 따르게 될 것이다.

모든 인덱스는 각자 고유한 설정을 갖는다. 다음은 웹 화면에서 자동으로 환경설정이 되었을 경우 인덱스 파일의 내용이다. 운영 환경에서 스플렁크 관리자는 바로 이 파일을 통해 인덱스를 관리한다.

```
[winlogs]
coldPath = $SPLUNK_DB\winlogs\colddb
enableDataIntegrityControl = 0
enableTsidxReduction = 0
homePath = $SPLUNK_DB\winlogs\db
maxTotalDataSizeMB = 100
thawedPath = $SPLUNK_DB\winlogs\thaweddb
```

화면에서 명시한 최대 크기 값 100이 이 파일에 기록된 것에 주목하라.

전체 `indexes.conf` 문서는 http://docs.splunk.com/Documentation/Splunk/latest/admin/indexesconf에서 확인 가능하다.

▌ 버킷

환경설정 파일에 특정 패턴이 있음을 눈치챘을 것이다. 바로 `coldPath`, `homePath`, `thawedPath` 세 위치로 구분되는 폴더들이다. 이들은 스플렁크에서 매우 중요한 개념이다. 인덱스에는 압축된 원시 데이터 및 이와 관련된 색인 파일이 저장되는데, 이 파일들은 시간으로 명시된 여러 디렉터리에 나뉘어 위치한다. 이렇게 시간으로 명시된 각각의 디렉터리를 **버킷**bucket이라고 한다.

버킷은 시간이 지나면서 여러 단계를 거친다. 보통 시스템에서 데이터가 오래되면(차가워진다고 생각하라) 다음 버킷으로 넘어간다. 다음 목록에서 알 수 있듯이 thawed 버킷에는 아카이브에서 복구된 데이터가 위치하게 된다. 다음은 관련 버킷들이다.

- hot: 새로 저장된indexed 데이터로, 읽기, 쓰기 가능(hotPath)
- warm: hot 버킷에서 넘어온 데이터로, 읽기 가능, 쓰기 불가능(warmPath)
- cold: warm 버킷에서 넘어온 데이터(coldPath)
- frozen: cold 버킷에서 넘어와서 아카이브된 데이터(frozenPath)
- thawed: 아카이브에서 복구된 데이터(thawedPath)

 페즈의 조언: 스플렁크는 frozen 버킷에 데이터를 보관할 수 있지만, 데이터가 삭제되는 것이 기본 설정이다. 애플리케이션의 데이터 보관 정책을 숙지하고 있는지 확인하고 필요하다면 frozen 버킷의 경로를 올바르게 설정하라.

이제 `indexes.conf` 파일로 돌아가보자. `homePath`에 hot 및 warm 버킷이 포함되고 `coldPath`에는 cold 버킷이 포함되며 `thawedPath`에는 아카이브로부터 복구된 데이터가 포함될 것이라는 사실을 이해했을 것이다. 이는 버킷을 서로 다른 위치에 배치해 스토리지 자원을 효율적으로 관리할 수 있음을 뜻한다.

 여기서는 의도적으로 기본 설정을 적용해서 스플렁크가 하나의 버킷을 다음 버킷으로 이동시키는 시점을 제어하도록 했다. 대용량 환경에서는 버킷 프로세스를 거치며 데이터가 넘어가는 시기를 보다 구체적으로 제어해야 할 수도 있다.

로그 파일 입력하기

2장의 앞부분에서 언급했듯이 스플렁크 웹 인터페이스에서 지정한 모든 환경설정은 $SPLUNK_HOME 디렉터리 아래 *.conf 파일에 기록된다. 데이터 입력과 관련된 설정을 할 때도 마찬가지이다. 스플렁크 사용자 인터페이스를 통해 데이터 입력을 설정하면 inputs. conf라는 파일이 생성된다.

 이번 연습문제를 위해서 Chapter 2/samples에 위치한 windows_perfmon_logs.txt를 사용할 것이다.

이제 Windows 로그를 저장할 인덱스를 생성했으니, 다음 단계를 따라 데이터를 입력해 보자.

1. 스플렁크 홈페이지로 이동한다.

2. Destinations 앱을 클릭한다. 다음 단계를 진행하기 전에 현재 Destinations 앱에 위치하는지 반드시 확인해야 한다. 그렇지 않으면 환경설정 변경내용이 해당 애플리케이션과 분리돼 저장될 것이다.

3. 스플렁크 탐색바에서 **설정**Settings을 선택한다.

4. **데이터**Data 섹션에서 **데이터 입력**Data inputs을 클릭한다.

5. **데이터 입력**Data inputs 페이지에서 **파일 및 디렉터리**Files & directories를 클릭한다.

6. 다음 페이지에서 **새 로컬파일 및 디렉터리**New Local File & Directory 버튼을 클릭한다.

7. Chapter 2/samples에서 windows_perfmon_logs.txt를 선택한다.

8. **지속적으로 모니터링**Continuously Monitor이 선택되었는지 확인한다. 다음 화면과 같아야 한다.

Configure this instance to monitor files and directories for data. To monitor all objects in a directory, select the directory. Splunk monitors and assigns a single source type to all objects within the directory. This might cause problems if there are different object types or data sources in the directory. To assign multiple source types to objects in the same directory, configure individual data inputs for those objects. Learn More ↗

File or Directory ? `C:\Splunk\etc\apps\destinations\local\windows_perfmon_l` [Browse]

On Windows: c:\apache\apache.error.log or \\hostname\apache\apache.error.log. On Unix: /var/log or /mnt/www01/var/log.

[Continuously Monitor] [Index Once]

Whitelist ?

Blacklist ?

9. 리눅스 머신이라면 다음 화면과 같아야 한다.

Configure this instance to monitor files and directories for data. To monitor all objects in a directory, select the directory. Splunk monitors and assigns a single source type to all objects within the directory. This might cause problems if there are different object types or data sources in the directory. To assign multiple source types to objects in the same directory, configure individual data inputs for those objects. Learn More ↗

File or Directory ? `/home/jp/windows_perfmon_logs.txt` [Browse]

On Windows: c:\apache\apache.error.log or \\hostname\apache\apache.error.log. On Unix: /var/log or /mnt/www01/var/log.

[Continuously Monitor] [Index Once]

Whitelist ?

Blacklist ?

10. **다음**^{Next}을 클릭하고 소스타입을 설정하는 화면으로 넘어간다. 값을 지정하지 않으면 스플렁크가 파일을 인식하고 해당 소스 파일에 맞는 라인 브레이킹^{line breaking}을 적용할 것이다.

11. **다른 이름으로 저장**^{Save As}을 클릭하고 사용자 정의 sourcetype 이름에 myperfmon을 입력한다. sourcetype 범주가 **사용자 지정**^{Custom}으로 설정되었는지 그리고 앱이 Destinations로 선택되었는지 확인한다. 마지막으로 **저장**^{Save} 버튼을 클릭해서 새로운 사용자 정의 sourcetype을 저장한다.

12. 화면 상단에 위치한 **다음**^{Next} 버튼을 클릭해서 데이터 입력을 위한 다음 단계로 넘어간다.

13. 입력 설정 창에서 앱 컨텍스트가 Destinations인지 확인하고, 현재 데이터를 저장할 인덱스를 2장 시작 부분에서 생성했던 `winlogs`로 설정한다.

14. **검토**^{Review} 버튼을 클릭해서 최종 검토 단계로 넘어간다.

15. **제출**^{Submit}을 클릭해서 데이터 입력과 관련된 설정 과정을 완료한다.

16. 이제 다음 화면에서 **검색 시작**^{Start Searching} 버튼을 클릭하고 perfmon 샘플 파일 데이터가 로드되었는지 확인한다. 다음 Windows 예시 화면에서 볼 수 있듯이, 원시 이벤트와 연관된 source 및 sourcetype은 **선택한 필드**^{Selected Fields}로 호출된다.

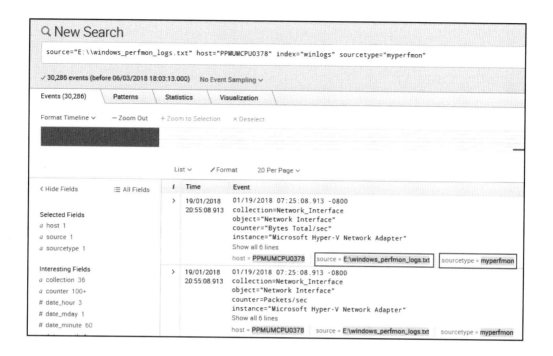

지금까지 sourcetype이라는 새로운 개념에 대해 설명했다. sourcetype은 스플렁크 웹 인터페이스에서 데이터 입력과 관련된 설정을 할 때 자동으로 만들어지는 데이터 분류 타입이다. 3장 검색 처리 언어에서 sourcetype에 대해 자세히 설명할 것이다. 이번 예처럼 데이터 입력을 myperfmon으로 분류하면 검색이 쉬워질 뿐만 아니라 동일한 인덱스에 저장될 다른 Windows 로그와 구별해 해당 데이터에 특별한 룰을 적용할 수 있다.

이제 inputs.conf 파일을 좀 더 자세히 살펴보자.

1. 다음 파일을 살펴본다.

$SPLUNK_HOME/etc/apps/destinations/local/inputs.conf

---

2. 다음 inputs.conf와 동일한지 비교한다(처음은 Windows 설정, 다음이 Linux 설정이다).

```
Windows: [monitor://C:Splunk\windows_perfmon_logs.txt]
         disabled = false
         index = winlogs
         sourcetype = myperfmon
  Linux: [monitor:///home/jp/windows_perfmon_logs.txt]
         disabled = fales
         index = winlogs
         sourcetype = myperfmon
```

경험 많은 스플렁크 관리자는 사용자 인터페이스를 사용하는 대신 inputs.conf 파일에 직접 데이터 입력 설정을 추가해도 되며, 스플렁크 재시작이 필요할 수도 있다.

inputs.conf 파일에 대한 전체 문서는 https://docs.splunk.com/Documentation/Splunk/latest/Admin/Inputsconf에서 확인할 수 있다.

지금까지 설명한 내용을 제대로 따라왔다면, 이제 이 책 후반부에서 스플렁크를 배우기 위해 필요한 환경이 갖춰진 셈이다.

▌ 스플렁크 이벤트와 필드

2장에서는 결과를 반환하는 스플렁크 검색 쿼리를 실행해봤다. 더 많은 내용을 설명하기에 앞서 이벤트event와 필드field가 무엇인지 이해하는 것이 중요하다. 데이터를 대상으로 스플렁크를 실행하는 과정에서 어떤 일이 일어나는지 이해하는 데 필수적인 개념이기 때문이다.

스플렁크에서 데이터는 이벤트들로 분류되며, 이벤트는 로그 파일의 기본 단위 혹은 그 외 다른 종류의 입력 데이터에서 레코드record와 비슷하다. 이벤트에는 다수의 속성 또는 필드가 있을 수 있고, 몇 개만 있을 수도 있다. 검색 쿼리를 성공적으로 실행하면 검색 실행 대상인 스플렁크 인덱스에서 반환된 이벤트를 보게 된다. 실시간 스트리밍 데이터의 경우 이벤트가 스플렁크를 통해 매우 빠르게 들어오는 것을 확인할 수 있을 것이다.

모든 이벤트에는 여러 가지 기본 필드가 있다. https://docs.splunk.com/Documentation/ Splunk/latest/Data/Aboutdefaultfields 링크를 사용하면 언제든 최신 문서를 확인할 수 있다. 기본 필드에는 다음과 같은 것들이 있다.

- **Timestamp**: 타임스탬프는 이벤트가 스플렁크로 인덱싱될 때 적용된다. 스플렁크는 일반적으로 수신 원시 데이터에서 타임스탬프를 찾아 할당한다. 예를 들어, 전자상거래 웹 사이트에서 구매자가 최종 구매 버튼을 클릭하는 순간, 데이터는 정확하게 판매가 발생한 시점에 수집되는 것으로 처리된다. 스플렁크는 대개 원시 데이터에서 이를 자동으로 감지한다.
- **Host**: 호스트 필드는 데이터의 호스트 이름, IP 주소 혹은 전체 도메인 이름을 나타낸다.
- **Index**: 인덱스 필드는 특정 인덱스의 이름으로서, 이벤트가 저장되는 위치를 나타낸다.
- **Source**: 소스 필드는 데이터가 전송되는 위치로, 특별히 파일, 데이터 스트림 혹은 그 외 데이터 입력 위치를 뜻한다.
- **Sourcetype**: 소스타입은 전송되는 데이터의 데이터 입력 포맷이다. 일반적인 소스타입으로는 `access_combined`, `access_custom`, `cisco_syslog`가 있다.
- **Linecount**: 단순히 이벤트에 포함된 줄 개수이다.

이런 기본 필드들은 스플렁크가 데이터를 인덱싱할 때 이벤트에 추가되는 키/값 쌍이다. 신속하게 이벤트를 분류하고 그룹화하기 위해 필드를 사용한다고 생각하면 된다. 필드는 모든 검색 쿼리의 주요 구성 요소이다. 3장에서 필드에 대해 자세히 살펴보고 이벤트에서 사용자 정의 필드를 만드는 방법에 대해 설명할 것이다.

▌ 새로운 필드 추출하기

대부분의 원시 데이터는 특정 형태의 구조로 돼 있다. CSV(쉼표로 구분된 값) 파일 또는 웹 로그 파일과 같이, 로그에서 각 개별 단위entry는 일종의 형식을 따른다고 가정한다. 스플 렁크에서는 특히 구분된 파일의 경우 사용자 정의 필드 추출이 매우 쉽다. Eventgen 데이 터 중에서 다음의 예를 살펴보도록 하자. Eventgen에 의해 생성된 원시 데이터는 쉼표로 구분되도록 설계되었다. 다음은 원시 이벤트의 예이다.

```
2018-01-18 21:19:20:013632, 130.253.37.97,GET,/destination/PML/details,-
,80,- 10.2.1.33,Mozilla/5.0 (iPad; U; CPU OS 4_3_3 like Mac OS X; en-us)
AppleWebKit/533.17.9 (KHTML, like Gecko) Version/5.0.2 Mobile/8J3
Safari/6533.18.5,301,0,0,317,1514
```

이 데이터는 필드가 명확하게 구분돼 있기 때문에 스플렁크의 필드 추출 기능을 통해 데이 터에 존재하는 여러 값들을 필드로 자동 분류해 쉽게 검색하고 필터링할 수 있다.

1. Destinations 앱 검색Search 페이지에서 다음 검색 명령문을 실행한다.

   ```
   SPL> index=main sourcetype=access_custom
   ```

   소스타입 access_custom은 서버가 생성하는 웹 로그 파일 포맷을 가리킨다. 위 검색을 실행하면 데이터가 반환되는데, 다음 화면처럼 페이지 좌측 컬럼에서 **새 필드 추출**Extract New Fields 링크를 클릭한다.

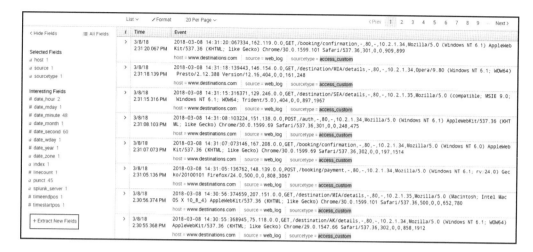

The highlighted text indicates Extract New Fields

2. **필드 추출**Extract Fields 페이지에서 _raw 이벤트 영역에 표시된 이벤트 중 하나를 선택한다. 텍스트가 가장 긴 항목을 선택해보자. 이렇게 하면 해당 텍스트가 다음 화면처럼 페이지 상단에 강조 표시돼 나타난다.

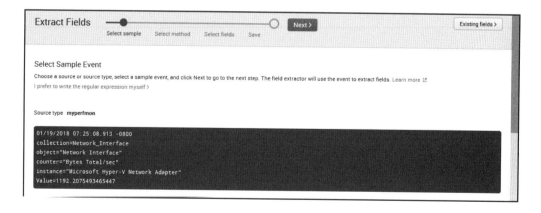

3. **다음**Next 버튼을 클릭하고 계속 진행한다. 이번 페이지에서 다음 화면처럼 **구분자** Delimiters 아이콘을 클릭하면 아이콘이 파란색으로 변할 것이다.

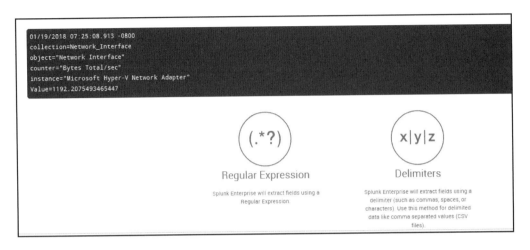

4. **다음**Next 버튼을 클릭하고, 다음 화면처럼 **쉼표**Comma 구분자를 클릭한다.

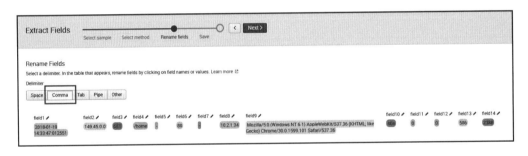

쉼표Comma 구분자를 선택하면 스플렁크가 자동으로 각 필드를 수정하고 각 필드에 레이블을 추가할 수 있도록 한다.

5. 연필 아이콘을 클릭해서 각 필드에 해당하는 레이블을 입력한다. 완료되면 **필드 이름 바꾸기**Rename Fields 아이콘을 클릭한다.

다음 안내에 따라 나머지 필드에 이름을 붙여보자. 3장에서 이 필드들을 사용하게 될 것이다. 다음 목록에 포함되지 않은 필드들은 건너뛰어도 좋다.

- field1: `datetime`
- field2: `client_ip`
- field3: `http_method`
- field4: `http_uri`
- field8: `server_ip`
- field9: `http_user_agent`
- field10: `http_status_code`
- field14: `http_response_time`

완료했으면 **다음**^{Next}을 클릭해 계속 진행한다. 다음 창에서 **추출 이름**^{Extractions Name}에 eventgen이라는 레이블을 지정하고 권한을 **모든 앱**^{All apps}으로 선택한다. 다음 화면을 참고하면 된다.

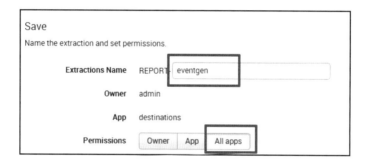

6. **마침**^{Finish}을 클릭해 필드 추출 과정을 완료한다. 이제 새 필드를 추출했으므로 검색 쿼리에서 이 필드들을 쉽게 사용할 수 있을 것이다.
7. 결과 화면에서 **검색에서 작성한 필드 탐색**^{Explore the fields I just created in Search}을 클릭한다.

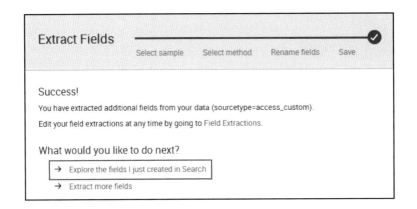

이벤트가 검색되면 필드 목록에 방금 입력한 필드 이름들이 나타나는 것을 확인할 수
있다.

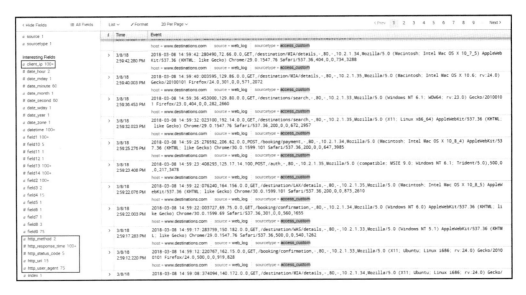

Highlighted text indicating field names added

이전에 언급했듯이 설치 후 스플렁크에 추가되는 환경설정 항목은 .conf 파일에 기록된
다. 다음 파일들을 확인해 방금 작성한 환경설정 항목이 현재 파일 시스템 디렉터리 중 어

디에 위치하는지 확인하라.

$SPLUNK_HOME/etc/apps/destinations/local/props.conf
$SPLUNK_HOME/etc/apps/destinations/local/transforms.conf

데이터를 파싱^{parsing}하기 위해 사용자 정의 데이터셋 그리고/또는 고급 설정을 사용하면, 관련 항목들이 이 파일들에 저장될 것이며, 이런 파일들은 데이터 수집부터 로딩, 검색 작업에 이르기까지 모두 함께 연동된다. 온라인에는 이런 파일들과 관련된 문서들이 상당히 많이 있다.

 페즈의 조언: 사용자 정의 소스타입을 만들 때 스플렁크는 종종 이전 예에서처럼 파일 내용을 정확하게 인식하지 못할 수도 있다. 다음 환경설정 항목들은 스플렁크 사용자 인터페이스를 통해 수정할 수 있으며, props.conf에도 저장되기 때문에 직접 이 파일을 수정해도 무방하다. 데이터가 정확하게 로딩되었는지 확인이 필요하다면 이러한 환경설정 항목을 점검한 후 구현해야 한다.

- TIME_PREFIX
- TIME_FORMAT
- LINE_BREAKER
- SHOULD_LINEMERGE
- MAX_TIMESTAMP_LOOKAHEAD

props.conf에 대한 문서는 https://docs.splunk.com/Documentation/Splunk/latest/Admin/Propsconf에서 확인 가능하다.

3장에서는 이렇게 추출한 새로운 필드들을 사용해서 검색 결과를 필터링하는 방법을 배울 것이다.

▌ 요약

2장에서는 빅데이터 및 이와 관련된 특징인 스트리밍 데이터, 분석 데이터 지연^{latency}, 희소성의 개념에 대해 배웠다. 또한 스플렁크로 수집 가능한 데이터 종류에 대해서도 설명했다. 그다음 인덱스를 생성하고 해당 인덱스로 로그 파일을 로드한 다음, 모든 환경설정(.conf) 항목이 파일 시스템에 기록되는 것도 확인했다. 그리고 필드와 이벤트에 대한 설명도 마쳤다. 마지막에는 이벤트에서 필드를 추출하고 이름을 붙여 편리하게 사용할 수 있는 방법도 언급했다.

3장에서는 스플렁크의 중요한 기능들을 좀 더 깊이 있게 다룰 것이다.

03

검색 처리 언어

지금까지 검색을 위한 준비 단계로 스플렁크를 사용해서 데이터를 수집하고 인덱싱하는 방법을 소개했으며 몇 가지 간단한 검색 명령어도 살펴보았다. 3장에서는 데이터 분석을 위한 검색 방법과 그 외 명령어에 대해 자세히 설명할 것이다.

3장에서 다룰 내용은 다음과 같다.

- 검색의 구조
- 검색 파이프라인pipeline
- 시간 범위 선택
- 검색 필터링하기
- 검색 명령어
  - stats

- top/rare
- chart와 timechart
- eval
- rex

▌ 검색의 구조

검색 처리 언어^{search processing language, SPL}는 스플렁크에 인덱싱된 머신 데이터를 빠르게 검색하기 위한 목적으로 개발되었다. 원래는 Unix 파이프 라인과 SQL^{standard query language}을 기반으로 설계된 언어이다. (SQL과 대조적으로) SPL은 모든 검색 처리 명령어와 각 명령어의 함수, 인자^{argument} 및 절들^{clauses}의 라이브러리이다. 검색 명령어를 사용함으로써 서로 다른 이벤트들을 그룹화하고, 제약 조건에 따라 데이터를 필터링할 수 있으며, 정규 표현식을 통한 필드 추출은 물론 통계 계산, 기타 작업 등을 수행할 수 있다.

이제부터는 검색 쿼리^{search query}가 동작하는 방식을 정확하게 이해하기 위해 검색 쿼리를 분해해서 설명할 것이다. 파이프가 어떤 역할을 하는지 이해하는 데도 역시 도움이 될 것이다. 앞으로 보게 되겠지만 파이프^{pipe}는 기본적으로 이전 단계에서 데이터를 넘겨받아 그 데이터에 어떤 작업을 가하거나 필터링 혹은 추출 작업을 한 후, 다음 처리 단계로 데이터를 내보내는 역할을 한다.

지금부터 Destinations 앱을 이용해서 간단한 예를 보여줄 것이다.

1. 스플렁크 홈페이지로 이동한다.
2. Destinations 앱을 클릭한다.
3. Destinations 앱의 검색 페이지에서 다음과 같이 입력한다.

```
SPL> index=_internal sourcetype=splunk* | top limit=5 name | sort - name
```

다음 도표는 데이터가 하나의 파이프(|)로부터 다음 파이프를 통과하는 과정을 시각적으

로 설명하고 있다. 이 검색문은 스플렁크의 내부 인덱스에서 이름을 기준으로 상위 5개를 선정하고 그 결과를 정렬한 다음 **최종 결과**를 테이블로 내보낸다. 이런 과정을 다음 화면처럼 단계별로 살펴볼 것이다.

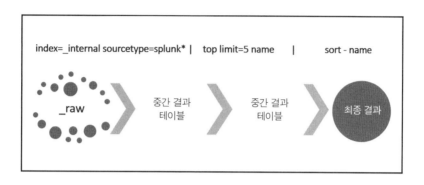

검색 파이프라인

이전 그림에서 화살표는 이전 명령어의 결과 데이터가 그다음 명령어의 입력으로 사용됨을 의미한다. 이 명령문을 정확하게 이해하기 위해서 파이프 단위로 검색을 살펴보도록 하자. 검색 창에 다음 명령문를 차례대로 입력하고, 각 명령문을 실행한 후 결과가 어떻게 변경되는지 살펴보도록 한다.

다음 명령문으로 원시 이벤트가 반환될 것이다.

SPL> index=_internal sourcetype=splunk*

다음 명령문은 이전 단계에서 얻은 원시 이벤트를 사용해 name 필드를 기준으로 이벤트 개수를 계산한 다음 그 결과 중 상위 다섯 개만 보여준다.

SPL> index=_internal sourcetype=splunk* | top limit=5 name

마지막에는 | top 명령어의 결과 테이블이 또 다른 명령어 | sort로 전달돼('파이프된다'고도

말한다) 정렬된다. 모든 작업이 완료되면 최종 결과 테이블이 스플렁크로 출력된다.

```
SPL> index=_internal sourcetype=splunk* | top limit=5 name | sort - name
```

이런 명령어들의 연쇄적 처리^{chaining of commands}를 검색 파이프라인^{search pipeline}이라고 한다.

▌ 시간 범위 선택

검색을 실행할 때마다 항상 날짜와 시간으로 제한된 데이터를 대상으로 쿼리가 실행된다는 사실을 기억해야 한다. 시간 범위 선택기^{time-range picker}는 검색 창 오른쪽에 있다. 스플렁크는 다음 화면에서 볼 수 있듯이 미리 설정된 시간값들을 제공한다. 시간 범위 선택기를 사용하면 사용자 정의 날짜/시간 범위 혹은 그 외 원하는 날짜/시간 범위를 상세하게 설정할 수 있다. (https://docs.splunk.com/Splexicon:Timerangepicker)

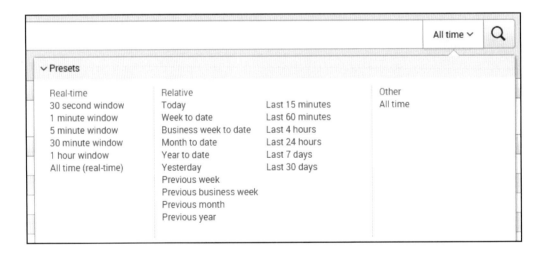

전체 시간^{All time} 외에도 실시간^{Real-time}과 **상대**^{Relative} 역시 자주 사용하게 될 것이다. 이전 화면을 참고하면 실시간^{Real-time}은 가장 왼쪽 컬럼에 위치하며, 상대^{Relative}는 중간 컬럼에 위치한다.

실시간Real-time은 지정된 시간 윈도우를 기반으로 실시간 검색이 계속해서 실행되도록 한다. 예를 들어, **5분 실시간**5 minute window 검색은 최근 5분 내 데이터를 지속적으로 보여준다. 새로운 데이터가 들어오면, 현재 보여주고 있는 결과에서 가장 오래된 이벤트를 밀어냄으로써 제외시키는 방식으로 동작한다.

 페즈의 조언: 1장 스플렁크 시작하기에서 언급했듯이, 실시간 검색은 자원을 많이 소모한다. 제한적으로 사용하라.

상대 시간값들은 이름이 의미하듯 상대적인 시간으로 데이터를 검색하고 지정된 시간 프레임 안에서 데이터를 찾는다. 이전 시간 범위 선택기에서 살펴봤던 가장 흔한 예는 누계(주간 누계Week To Date, 월간 누계Month To Date 등)와 최근 며칠(최근 4시간Last 4 hours, 최근 7일Last 7 days 등)을 사용하는 것이다.

시간 범위 선택기를 사용하면 드러나지는 않지만 백그라운드에서 스플렁크가 특정 변수를 활용해 가장 이른 시간earliest time과 가장 최근 시간latest time을 정의하게 된다.

예를 들어, 시간 범위 선택기가 **최근 15분**Last 15 minutes으로 설정돼 있으면 이는 다음 SPL과 동일한 의미이다.

```
SPL> earliest=-15m latest=now
```

스플렁크가 검색을 실행할 때는 미리 설정된 값인 latest=now를 자동으로 삽입한다. 다음 검색 명령문을 Destinations 앱 **검색**바에서 실행해보자.

```
SPL> index=main earliest=-8m latest=now | timechart count span=1m
```

드롭다운 메뉴에서 시간을 변경하지 않아도(선택하지 않으면 변경되지 않는다), 검색을 실행하면 최근 8분 전부터 현재까지의 데이터를 볼 수 있을 것이다. 다른 말로 검색에 earliest와 latest를 지정하게 되면, 검색에서 직접 명시한 시간 조건이 시간 범위 선택기에 설정된 시간을 덮어쓰게 된다는 말이다.

시간 단위를 정의하는 몇 가지 방법들이 있는데, 스플렁크에서 가장 많이 사용되는 시간 단위는 다음과 같다.

- 초^{Second}: s, sec, secs, second, seconds
- 분^{Minute}: m, min, minute, minutes
- 시간^{Hour}: h, hr, hrs, hour, hours
- 일^{Day}: d, day, days
- 주^{Week}: w, week, weeks
- 월^{Month}: mon, month, months
- 분기^{Quarter}: q, qtr, qtrs, quarter, quarters
- 년^{Year}: y, yr, yrs, year, years

▌검색 결과 필터링하기

스플렁크는 데이터 검색용으로 최적의 솔루션이다. 검색 명령어를 사용하면 구글 검색을 하듯 주요 구^{phrase}를 사용해서 결과를 필터링할 수 있다. 다음 몇 가지 예를 살펴보자.

```
SPL> index=main /booking/confirmation
```

이 검색은 main 인덱스로 필터링을 걸어 검색 결과를 좁히고, _raw 데이터에 /booking/confirmation 문자열이 있는 이벤트만 반환한다.

구^{phrase}를 추가해서 한 번 더 필터링을 걸 수도 있다. 그런데 스플렁크에서는 기본적으로 구^{phrase}들이 AND 연산자로 이어져 있다고 가정한다는 사실은 매우 중요하다. 예를 들어,

```
SPL> index=main /booking 200
```

82

이 명령문은 다음과 동일하다.

```
SPL> index=main /booking AND 200
```

유사하게 다중 필터를 기반으로 데이터를 찾기 위해서는 OR 연산자를 사용하면 된다. 다음 명령문은 문자열에 /booking 혹은 /destinations를 포함하는 모든 이벤트를 반환할 것이다. OR 연산자는 항상 AND 연산자와 같거나 AND 연산자보다 더 많은 개수의 이벤트를 반환하며, 기본 연산자는 AND라는 사실을 기억해야 한다.

```
SPL> index=main /booking OR /destinations
```

수학 연산처럼 조건을 그룹 짓기 위해서는 괄호를 사용하면 된다.

```
SPL> index=main (/booking OR /destinations) AND 200
```

검색 시 구^{phrase}가 공백을 포함하면, 다음 예처럼 큰따옴표로 감싸야 한다.

```
SPL> index=main "iPhone OS"
```

필드를 사용해 검색 결과를 필터링할 수도 있다. 필드는 대소문자를 구분하며 지정된 필드를 사용한 검색은 보통 전체 텍스트 검색보다 빠르다고 보는데, 이는 특정값을 찾기 위해 전체 이벤트를 검색하는 것이 아니라 명시된 필드를 대상으로 필터링이 실행되기 때문이다.

필드를 사용한 필터링은 필드가 정의돼 있을 때만 동작한다. 2장 데이터 가져오기에서 eventgen 데이터 소스로부터 새로운 필드를 추출했었다. 이제 이를 사용해 사용자 정의 필드를 활용한 필터링을 검색에 적용해보자.

```
SPL> index=main http_uri=/booking/confirmation AND http_status_code=200
```

▌ 검색 명령어 – stats

일반적으로 stats 명령어는 이벤트 개수를 세기 위해 사용한다. 동작 방식을 이해하기 위해 다음 검색 쿼리를 실행해보자. 이 SPL은 최근 30분간 모든 이벤트 개수를 나타내는 숫자 하나를 반환할 것이다. stats 명령어 앞에 위치한 파이프는 최종 개수에 포함될 데이터를 필터링한다.

```
SPL> index=main earliest=-30m latest=now | stats count
```

시간 조건을 변경하면 개수가 줄어들 것이다.

```
SPL> index=main earliest=-15m latest=now | stats count
```

개수가 어떻게 계산되었는지 궁금할 것이다. stats 명령어의 본래 포맷은 stats function(X)이다. 즉, 필드 X에 대한 함수의 결과를 반환하도록 시스템에 요청한다. 괄호 없이 count 함수를 사용하면 스플렁크는 전체 이벤트를 대상으로 건수를 세는 연산을 한다.

stats는 특히 필드를 기준으로 개수를 그룹 지어야 할 때 강력하게 사용되는 명령어이다.

```
SPL> index=main | stats count by http_method
```

다음 화면처럼 GET과 POST 메서드 개수에 해당하는 두 개의 데이터 행이 생성된다. 이들은 정보를 요청(GET)하고 데이터를 제출(POST)하는 목적으로 HTTP(클라이언트 및 서버의 웹 사이트 통신 규칙)에서 사용되는 두 종류의 메서드이다.

또한 URL에 기반한 모든 이벤트 개수의 평균값을 계산하기 위해서는 avg(X)도 사용 가능하다.

```
SPL> index=main | stats count by http_uri | stats avg(count)
```

stats와 함께 널리 사용되는 함수들은 다음과 같다.

- avg(X): 필드 X값의 평균을 반환한다.
- dc(X): 중복이 제거된 필드 X값의 개수를 반환한다.
- max(X): 필드 X값의 최대치를 반환한다.
- min(X): 필드 X값의 최소치를 반환한다.
- perc⟨X⟩(Y): 필드 Y의 X 번째 값을 반환한다. 예를 들어 perc95(X)
- sum(X): 필드 X값의 합계를 반환한다.

> 그 외 다른 stats 함수들에 관해서는 http://docs.splunk.com/Documentation/Splunk/
> latest/SearchReference/CommonStatsFunctions를 참고하라.

▌ 검색 명령어 - top/rare

필드를 기반으로 요약된 테이블을 빠르게 얻는 방법은 top과 rare 명령어를 사용하는 것이다. 다음 검색 명령문을 실행해보자.

```
SPL> index=main | top http_uri
```

이 명령문은 자동으로 URL을 그룹화해서 개수를 세고, 전체 데이터셋 대비 각 행의 백분율을 계산한 다음, count 기준으로 내림차순 정렬을 한다. 다음 화면에서 이 결과를 볼 수 있다.

limit 및 showperc와 같은 명령어 옵션을 추가해 검색 명령어를 조정할 수도 있다. 예를 들어, 상위 5개의 URL만 남기고 퍼센트percent열은 감추고 싶다고 가정하자. 이를 위한 SPL 은 다음과 같다.

```
SPL> index=main | top http_uri limit=5 showperc=false
```

이제 위 명령문에서 top을 rare로 변경하고 검색을 실행해보자. rare라는 명령어는 존재 할 가능성이 가장 낮은 이벤트를 검색해낼 것이다. 이 명령어는 데이터 입력 오류로 인한 이상값 혹은 비정상적인 값을 탐지하는 지표로 유용하게 사용될 수 있다.

▌ 검색 명령어 – chart와 timechart

chart 명령어는 데이터를 집계해 그 결과를 시각화 컴포넌트에 사용될 수 있는 테이블 포 맷으로 제공한다. 최종 사용자가 데이터를 분석할 때 시각화는 매우 중요한 요소이기 때문에 chart는 반드시 숙지해야 하는 명령어다. 다음 검색 쿼리 실행결과는 stats 명령어를 사용했을 때와 동일하다.

```
SPL> index=main | chart count by http_method
```

기본적인 목적으로는 stats와 chart를 혼용할 수 있다. 그러나 stats와 chart가 데이터를 그룹 짓는 방법에는 차이가 있다. 원하는 결과가 무엇인지에 따라 선택이 달라지게 될 것이다. 그 차이를 보여주기 위한 몇 가지 예는 다음과 같다.

```
SPL> index=main | stats count by http_method http_uri
```

다음 화면에서 이 결과를 확인할 수 있다.

다음은 또 다른 예다.

```
SPL> index=main | chart count by http_method http_uri
```

다음 화면에서 결과를 확인해보자.

stats 명령어를 사용하면 하나의 열에 모든 값이 위치하는 목록 포맷으로 데이터가 표시된다. 그러나 chart 명령어는 행/열 위치로 정의된 셀에 값을 배치한다. 이런 배치 방식은 막대형 차트와 선형 차트처럼 X/Y 좌표에 기반한 다중 축 그래프를 사용해서 결과를 보여주기 위한 것이다.

반면 timechart 명령어는 지정된 필드의 통계 집계 결과를 시계열로 생성한다. 이 명령어는 시각화 기준 중 하나가 시간인 여러 종류의 차트들을 생성할 때 널리 사용된다. timechart는 선형 차트, 세로 막대형 차트, 가로 막대형 차트, 영역 차트 등의 시각화 컴포넌트를 활용해 시간 경과에 따른 측정 항목metrics의 추세trend를 확인하는 데 가장 많이 사용된다.

SPL> index=main earliest=-4h latest=now | timechart span=15m count by http_uri

timechart 명령어에서 중요한 옵션은 span이다. span은 기본적으로 시간에 따라 데이터를 어떻게 그룹 지을지 결정한다. span=15m는 데이터를 15분 단위로 집계한다는 의미이다.

이 명령문의 통계 결과는 다음과 같다.

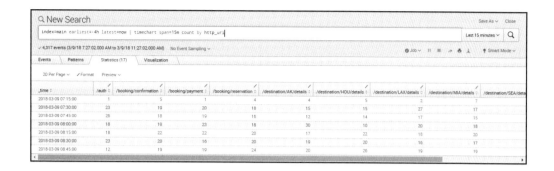

쿼리를 실행한 결과는 정보가 집약돼 한눈에 들어오지는 않는다. 그런데 **시각화**^{Visualizations}
탭에서 보면 다음 화면처럼 훨씬 더 보기가 좋다. 대시보드 패널과 대시보드를 만드는 방
법에 대한 자세한 내용은 5장 동적 대시보드를 참고하라.

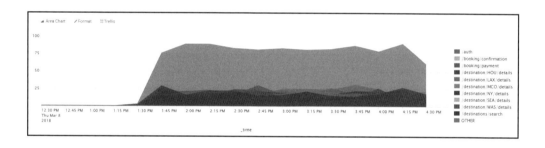

페즈의 조언: 스플렁크에서는 timechart 명령어를 사용해 결과를 시각화할 때 출력 항목 개
수를 기본값인 10으로 제한하고, 나머지 항목들은 열한 번째 필드인 OTHER로 통합한다.
timechart 명령어 다음에 limit=0을 추가하면 모든 항목들이 표시될 것이다.

▌ 검색 명령어 – eval

eval 명령어는 SPL에서 가장 강력한 고급 명령어다. eval 연산 결과값을 필드에 저장할
수 있도록 하기 때문이다. 다양한 함수들이 eval과 함께 사용될 수 있다. 단순하고 일반적

인 함수부터 시작해보자.

eval 명령어를 가장 간단하게 사용하는 예는 if/then/else 조건문을 적용해 그 결과를 새로 생성된 필드에 저장하는 경우이다. 예를 들어, 성공한 요청과 실패한 요청의 개수를 생성하려면 http_status_code를 사용해 요청의 성공 여부를 판별하고, 성공 여부에 따른 트랜잭션의 개수를 센다.

```
SPL> index=main earliest=-1h latest=now | stats
count(eval(if(http_status_code < "400", 1, NULL))) AS successful_requests
count(eval(if(http_status_code >= "400", 1, NULL))) AS
unsuccessful_requests by http_status_code
```

eval과 함께 효과적으로 사용할 수 있는 함수는 아주 많다(나중에 몇 가지를 더 살펴볼 것이다).

```
SPL> | eval round(X, Y)
```

다음과 같이 첫 번째 명령문을 실행한 다음 eval과 함수 round(X, Y)가 포함되도록 수정해보자. percent 열의 값이 소수점 둘째 자리에서 반올림되는 것을 확인하라.

```
SPL> index=main | top http_uri

    index=main | top http_uri | eval percent=round(percent, 2)
```

URL 문자열을 대문자로 변환하기 위해서는 다음처럼 함수를 사용하면 된다.

```
SPL> index=main | top http_uri

    index=main | top http_uri | eval http_uri=upper(http_uri)
```

case 함수는 부울^Boolean 조건을 기반으로 데이터를 변환할 때 특히 유용하다. X가 true 이면 변수에 문자열 Y를 대입한다. 다음은 두 값을 찾고, 서로 다른 두 값을 대입하는 예 이다.

```
SPL> index=main | top http_uri showperc=false
    | eval Tag=case(http_uri="/booking/payment", "Payment",
http_uri="/auth", "Authorization")
```

이 결과 테이블에 Tag라는 새 열이 생성되고 URI가 /booking/payment인 모든 이벤트
는 Payment로 표시되며 URI가 /auth인 모든 이벤트는 Auth로 표시되었음을 확인할 수
있다.

```
index=main | top http_uri showperc=false
    | eval Tag=case(http_uri=="/booking/payment", "Payment", http_uri="/auth", "Authorization")
```

√ 3,492 events (before 3/8/18 4:59:35.000 PM)   No Event Sampling ∨   Job ∨

| Events | Patterns | Statistics (10) | Visualization |

20 Per Page ∨   ✎Format   Preview ∨

http_uri ⬍	✎	count ⬍ ✎	Tag ⬍
/auth		276	Authorization
/destination/MCO/details		252	
/destinations/search		251	
/booking/payment		241	Payment

▎검색 명령어 – rex

rex 또는 정규 표현식regular expression 명령어는 추출되지 않은 필드를 검색 중 자동으로 추
출해야 할 때 매우 유용하다. rex 명령어는 행이 여럿인 이벤트에서도 동작한다. 다음 원
시 데이터에는 사용자 에이전트 문자열이 강조 표시돼 있다. 그다음 샘플 명령문이 이 문
자열에 정의된 크롬Chrome 브라우저 정보를 추출할 것이다. 다음 원시 데이터에서 강조 표
시된 값을 가져와야 한다고 가정하자.

03장 검색 처리 언어 | 91

```
016-07-21 23:58:50:227303,96.32.0.0,GET,/destination/LAX/details,-,80,
-,10.2.1.33,Mozilla/5.0 (Macintosh; Intel Mac OS X 10_8_5)
AppleWebKit/537.36 (KHTML; like Gecko) Chrome/29.0.1547.76
Safari/537.36,500,0,0,823,3053
```

이를 위해서 다음 명령문를 사용하면 된다.

```
SPL> index=main | rex field=http_user_agent
     "Chrome/(?<Chrome_Version>.+?)?Safari" | top Chrome_Version
```

rex 명령어가 검색 시 Chrome_Version이라는 필드를 추출하면, 다음 명령문에서 이 필드를 사용할 수 있게 된다. 결과는 다음 화면과 같다.

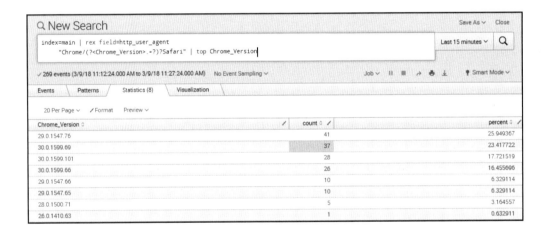

 페즈의 조언: SPL에서 rex 명령을 사용해도 되지만, rex 명령어로 추출한 결과가 정확하다고 판단되면 보통은 정규 표현식 추출 로직을 한 곳에 저장한 후 다른 필드들처럼 검색에 재사용하기 위해 스플렁크의 필드 추출 기능을 사용하는 것이 가장 좋은 방법이다.

▌ 요약

3장에서는 SPL을 소개했다. 데이터는 검색 명령어 사이에서 파이프 처리돼 최종 결과 테이블로 출력되기 때문에, 데이터 변환에 있어서 검색 파이프라인의 동작 원리가 매우 중요하다는 사실을 배웠다. 검색이 적용될 이벤트의 시간 범위를 제어하기 위해 미리 설정된 시간값들과 좀 더 흔하게 사용되는 시간—범위 선택기에 대해서도 설명했다. 거의 모든 스플렁크 검색에서 사용되는 검색 결과 필터링 방법에 대해서도 배웠다. 마지막으로, 자주 사용되는 다양한 검색 명령어에 대해 설명했다.

4장 보고서^{report}, 경고^{alert} 및 검색 최적화에서는 유용한 보고서를 생성하기 위한 검색 처리 기법을 살펴볼 것이며, 조직의 능률을 높이고 실수를 방지하기 위한 경고 구현 방법을 배우게 될 것이다. 또한 검색을 최적화하는 방법에 대해서도 자세히 알아볼 것이다.

04

보고서, 경고 및 검색 최적화

이제까지 살펴보았듯이 스플렁크를 사용하면 비교적 어렵지 않게 필요한 데이터를 찾을 수 있다. 그러나 서로 다른 데이터셋을 대상으로 동일한 작업을 반복하려면, 재사용 가능한 설정을 통해 보다 빠르고 쉽고 효율적으로 검색을 제어하는 기술을 활용해야 한다. 2장 데이터 가져오기에서는 데이터 필드를 사용하는 방법과 필드를 추출하는 방법을 배웠다. 이번 4장에서는 이벤트 타입Event Types을 이용해 데이터를 분류하고, 룩업Lookups으로 데이터를 보강하며, 태그Tags를 이용해 데이터를 표준화하는 방법을 학습함으로써 스플렁크를 좀 더 깊이 있게 알아볼 것이다.

이런 기본적인 내용들을 습득하고 나면, 보고서, 경고, 대시보드를 보다 쉽게 생성할 수 있게 될 것이며 머신 데이터에서 분석 결과를 신속하게 뽑아낼 수 있을 것이다.

4장에서는 머신 데이터를 관리하고, 분석하며, 그 결과를 얻는 대표적인 방법과 관련된 다양한 내용들을 다룰 것이다. 다음 주제들은 스플렁크를 보다 효율적으로 활용하는 데 도움이 될 만한 내용이다.

- 이벤트 타입Event Types을 활용한 데이터 분류
- 태그Tags를 활용한 데이터 표준화normalization
- 룩업Lookups을 활용한 데이터 보강enrichment
- 보고서report 생성
- 경고 생성
- 사용자 정의 크론Cron 스케줄
- 스케줄링 옵션
- 가속화acceleration와 요약summaries을 사용한 검색 성능 최적화

▌ 이벤트 타입을 활용한 데이터 분류

매일 스플렁크를 사용하다 보면 여러 작업과 검색이 주기적으로 반복되는 것을 경험하게 될 것이다. 앞서 설명했듯이 필드 추출 로직을 단일 위치에 저장하면 나중에 재사용이 가능하다. 더 일을 쉽게 만들고 검색을 간략하게 만드는 또 다른 방법은 이벤트 타입Event Type을 만드는 것이다. 이벤트 타입은 이벤트와 다르다. 이벤트는 단지 하나의 데이터 인스턴스instance인 반면, 이벤트 타입Event Type은 동일한 검색 기준을 충족시키는 이벤트의 그룹 또는 분류이다.

스플렁크 창을 닫았다면 스플렁크 웹페이지를 다시 열고 다음 검색 명령어를 실행해보자.

1. 스플렁크 포털에 로그인한다.
2. Destinations 앱을 클릭한다.
3. 다음 명령문을 검색바에 입력한다.

```
SPL> index=main http_uri=/booking/confirmation http_status_code=200
```

이 검색문은 성공한 예약 건에 해당하는 이벤트를 반환한다. 아마도 시간에 따른 예약 성공 건수를 다양한 방식으로 확인하고 싶을 것이며, 분명 이런 요구사항이 있을 것이다. 이런 데이터를 별도로 분류하지 않으면 이전에 입력한 검색문과 동일한 검색문을 반복해서 입력해야 한다. 검색 명령문을 이벤트 타입으로 저장하면 작업을 간단하게 만들 수 있고 지루한 반복 작업을 피할 수 있다. 이벤트 타입을 만들기 위해서는 다음 단계를 따른다.

1. **다른 이름으로 저장**[Save As] 드롭다운에서 Event Type을 선택한다.

2. 새로운 이벤트 타입에 good_bookings라는 레이블을 붙인다.
3. 이벤트 타입에 가장 잘 어울린다고 생각하는 색상을 선택한다. 이번 예에서는 **녹색**[green]을 선택한다.
4. **우선순위**[priority]는 5를 선택한다. 이는 이벤트 타입이 하나 이상일 때 우선적으로 선택될 이벤트 타입을 결정하는 기준이다. 1이 가장 높으며 10이 가장 낮다.
5. 다음 화면을 참고해 **저장**을 클릭한다.

이제 예약 실패 건에 대한 이벤트 타입을 생성해보자.

1. 이전 검색에서 http_status_code=200을 http_status_code=500으로 변경한다.
   새로운 검색문은 다음과 같다.

```
SPL> index=main http_uri=/booking/confirmation http_status_code=500
```

2. 이 이벤트 타입도 저장한다. 이름은 bad_bookings로 하고 색상color은 **빨간색**red으
   로 선택한 후 **우선순위**Priority를 5로 지정한다.

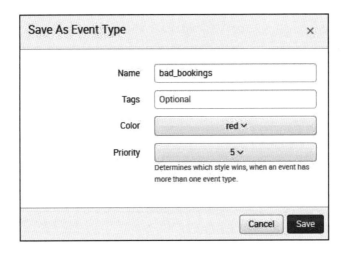

두 개의 이벤트 타입을 만들었다. 이제 어떻게 동작하는지 살펴보자.

1. 다음 검색문을 입력한다.

SPL> eventtype=*bookings

---

2. 결과는 다음 화면과 비슷할 것이다. 지정한 이벤트 타입에 따라 검색 결과의 색
   상이 결정되기 때문에 두 가지 예약 중 어느 종류에 속하는 이벤트인지 쉽게 확
   인할 수 있다. eventtype=good_bookings 또는 eventtype=bad_bookings로 검색
   해 검색 결과를 좁힐 수도 있다.

i	Time	Event
	1/31/18 2:48:41.363 PM	2018-01-31 14:48:41:363363,166.56.0.0,GET,/booking/confirmation,-,80,-,10.2.1.33,Mozilla/5.0 (X11; Linux i686) AppleWebKit/537.36 (KHTML; like Gecko) Chrome/29.0.1547.76 Safari/537.36,500,0,0,538,1009 host = www.destinations.com source = web_log sourcetype = access_custom
	1/31/18 2:47:11.440 PM	2018-01-31 14:47:11:440697,167.67.0.0,GET,/booking/confirmation,-,80,-,10.2.1.35,Mozilla/5.0 (X11; Linux x86_64; rv:24.0) Gecko/20100101 Firefox/24.0,500,0,0,380,1661 host = www.destinations.com source = web_log sourcetype = access_custom
>	1/31/18 2:46:43.235 PM	2018-01-31 14:46:43:235635,169.38.0.0,GET,/booking/confirmation,-,80,-,10.2.1.35,Mozilla/5.0 (Windows NT 6.0) AppleWebKit/537.36 (KHTML; like Gecko) Chrome/29.0.1547.76 Safari/537.36,200,0,0,297,2880 host = www.destinations.com source = web_log sourcetype = access_custom
>	1/31/18 2:43:53.039 PM	2018-01-31 14:43:53:039253,132.190.0.0,GET,/booking/confirmation,-,80,-,10.2.1.35,Mozilla/5.0 (Macintosh; Intel Mac OS X 10.7; rv:24.0) Gecko/20100101 Firefox/24.0,200,0,0,122,488 host = www.destinations.com source = web_log sourcetype = access_custom
>	1/31/18 2:42:07.242 PM	2018-01-31 14:42:07:242629,158.91.0.0,GET,/booking/confirmation,-,80,-,10.2.1.35,Mozilla/5.0 (Windows NT 5.1; rv:23.0) Gecko/20100101 Firefox/23.0,200,0,0,611,1863 host = www.destinations.com source = web_log sourcetype = access_custom
	1/31/18 2:40:56.101 PM	2018-01-31 14:40:56:101656,209.211.0.0,GET,/booking/confirmation,-,80,-,10.2.1.34,Mozilla/5.0 (Windows NT 6.1) AppleWebKit/537.36 (KHTML; like Gecko) Chrome/30.0.1599.66 Safari/537.36,500,0,0,926,2485 host = www.destinations.com source = web_log sourcetype = access_custom

 TIP 그런데 이벤트 타입을 만들 때 제약사항이 있다. 파이프가 적용된 명령문이나 하위 검색
(subsearches)으로 구성된 이벤트 타입은 생성이 불가능하다. 오직 기본 명령문만 이벤트
타입으로 저장할 수 있다.

이벤트 타입은 검색의 한 부분이기 때문에, 다음처럼 파이프가 적용된 명령문을 사용해
검색 로직을 추가해도 된다.

SPL> eventtype=*bookings | stats count by eventtype

다음 표를 참고해 몇 가지 이벤트 타입을 추가로 생성해보자. 검색 명령문을 수정한 후 실행해서 이벤트 타입이 정확하게 저장되도록 해야 한다. 다음 표에 명시된 네 개의 이벤트 타입을 만들 때 우선순위는 모두 5로 설정한다.

이벤트 타입	검색 명령문	색
good_payment	index=main http_uri=/booking/payment http_status_code=200	**green**
bad_payment	index=main http_uri=/booking/payment http_status_code=500	**red**
destination_details	index=main http_uri=/destination/*/details	**blue**
bad_logins	index=main http_uri=/auth http_status_code=500	**purple**

▌ 태그를 활용한 데이터 표준화

스플렁크에서 태그tag는 필드값들로 이벤트를 그룹 짓는 데 유용하다. 특정 검색 명령어를 기반으로 하는 이벤트 타입과는 달리, 태그는 특정 필드-값 조합을 기반으로 생성돼 매핑된다. 동일한 필드-값 조합에 여러 태그가 할당될 수도 있다.

태그를 사용하는 일반적인 시나리오는 IP 주소를 분류할 때이다. Eventgen 로그에는 세 개의 IP 주소가 자동으로 생성된다. 이 IP 주소에 대한 태그를 생성해서 이를 분류해볼 것이다.

IP 주소	태그
10.2.1.33	main, patched, east
10.2.1.34	main, patched, west
10.2.1.35	backup, east

Eventgen 데이터에서 서버 세 대로 구성된 서버 팜^{server farm}의 IP 주소들을 사용 목적, 패치 상태, 위치 정보를 기반으로 그룹 지어 볼 것이다. 다음 단계를 따라 태그를 사용해 이를 수행해보자.

1. 다음 명령어로 시작한다.

```
SPL> index=main server_ip=10.2.1.33
```

2. 다음 화면처럼 i 필드를 클릭해서 첫 번째 이벤트를 확장한다.

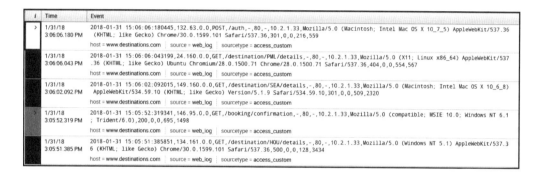

3. 확장한 다음 server_ip 필드를 찾는다. **작업**^{Actions} 드롭다운을 클릭하고 **태그 편집** Edit Tags을 선택한다.

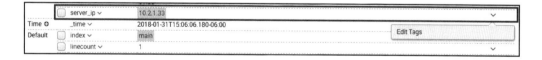

4. **태그 만들기**^{Create Tags} 창에서 다음 화면을 참고해 **태그**^{Tag(s)} 입력란에 정보를 기입한다. 10.2.1.33에는 main, patched, east라는 태그를 사용하면 된다.

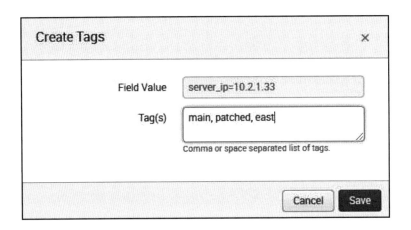

5. 완료되면 **저장**Save을 클릭한다.

6. 나머지 두 IP 주소에 대해서도 같은 작업을 반복하고 이전 표를 참조해 태그를 생성한다.

7. 다음 명령문을 실행해 태그가 적용되었는지 확인한다.

```
SPL> index=main tag=patched OR tag=east
```

이 쿼리는 패치된 서버 혹은 동부에 위치한 서버에서 발생하는 모든 이벤트를 반환할 것이다. 그다음 여기에 다른 검색 명령어 또는 이벤트 타입을 결합해 검색 결과의 범위를 좁힐 수 있다.

이제 동부에 위치한 서버에서 발생한 예약 지불 오류 건을 찾는 시나리오를 생각해보자.

이벤트 타입이나 태그가 없다면 다음과 같은 검색 명령문을 생성해야 한다.

```
SPL> index=main server_ip=10.2.1.33 OR server_ip=10.2.1.35
    AND (http_uri=/booking/payment http_status_code=500)
```

이를 훨씬 명쾌하고 간결한 다음 검색 명령문과 비교해보자.

```
SPL> eventtype=bad_payment tag=east
```

이제 독자를 위해 연습문제를 하나 내볼까 한다. 다음 표를 참조해 해당 필드에 대한 태그를 생성하고 이를 검색 쿼리에 사용해보자. 검색문은 index=main으로 시작하고 그다음 필드와 값을 사용해야 한다. 그래야 태그를 적용했을 때 정확한 결과를 얻을 수 있다.

필드와 값	태그
http_uri = /destination/LAX/details	major_destination
http_uri = /destination/NY/details	major_destination
http_uri = /destination/MIA/details	home
http_status_code = 301	redirect
http_status_code = 404	not_found

이제 이 태그들을 사용해 상태 코드가 not_found 태그에 해당하는 값이면서 주요 목적지로 예약한 건을 검색할 수 있다. 다음은 4장에서 지금까지 배운 내용을 종합한 검색 명령문의 예이다.

- 다음 명령문을 실행해보자.

```
SPL> eventtype=destination_details tag=major_destination
        tag=not_found
```

- 이 결과에서 목적지가 LAX와 NY인 데이터가 있는지 확인하라. 여기서 상태 코드는 페이지를 찾을 수 없음을 나타낸다.

▌ 룩업을 활용한 데이터 보강

때로는 데이터에 대한 이해를 돕기 위해 다른 데이터 일부가 보강돼야 하는 경우가 있다. Eventgen 데이터에서 살펴볼 예는 HTTP 상태 코드이다. 컴퓨터 엔지니어는 보통 세 자리 숫자로 표현되는 HTTP 상태 코드에 익숙하다. 비즈니스 분석가나 일반 사용자는 이

코드의 의미를 모를 수도 있으므로, 검색 결과를 이해하기 위해서는 텍스트로 된 설명이 필요하다. 스플렁크에서는 룩업Lookups을 활용해 이벤트 데이터를 보강할 수 있는데, 룩업은 숫자 혹은 약어가 별도로 파일에 존재하는 텍스트 설명과 쌍을 이루도록 해 데이터에 대한 이해도를 높이는 역할을 한다.

룩업은 스플렁크에서 검색할 수 있는 키와 값의 매핑 테이블로, 검색 시 좀 더 의미 있는 정보를 표시해준다. 검색 시점에 룩업이 실행되도록 하면 장황한 설명이 인덱스의 저장 공간을 차지하는 상황을 최소화할 수 있다. 다음 예를 통해 쉽게 이해할 수 있을 것이다.

1. Destinations 앱에서 **설정**Settings을 클릭한 다음 **룩업**Lookups을 클릭한다.

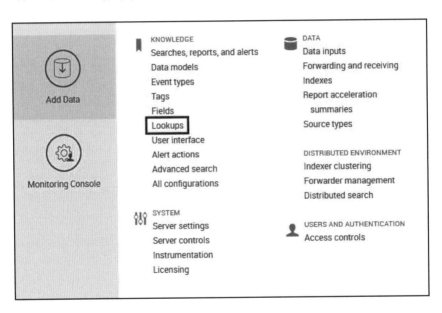

2. 다음 화면처럼 **룩업**Lookups 페이지에서 **룩업 테이블 파일**Lookup table files 옆에 **새로 추가** Add new 옵션을 클릭한다.

Lookups

Create and configure lookups.

	Actions
Lookup table files List existing lookup tables or upload a new file.	Add new
Lookup definitions Edit existing lookup definitions or define a new file-based or external lookup.	Add new
Automatic lookups Edit existing automatic lookups or configure a new lookup to run automatically.	Add new

3. **새로 추가**^{Add new} 페이지에서 Destinations 앱이 선택된 것을 확인한다.

4. 그런 다음, 다음 화면을 참고해 **룩업 파일 업로드**^{Upload a lookup file}에서 C:\splunk-essentialsmaster\labs\chapter05\http_status.csv를 찾아 선택한다.

5. 마지막으로 **대상 파일 이름**^{Destination filename} 필드에 http_status.csv를 입력한다.

6. **저장**^{Save}을 클릭하고 완료한다.

Destination app
destinations ▼

Upload a lookup file
Choose File | http_status.csv
Select either a plaintext CSV file, a gzipped CSV file, or a KMZ/KML file.
The maximum file size that can be uploaded through the browser is 500MB.

Destination filename *
http_status.csv
Enter the name this lookup table file will have on the Splunk server. If you are uploading a gzipped CSV file, enter a filename ending in ".gz". If you are uploading a plaintext CSV file, we recommend a filename ending in ".csv". For a KMZ/KML file, we recommend a filename ending in ".kmz"/".kml".

Cancel | Save

이제 새로운 룩업 테이블이 파일 경로를 **룩업 테이블 파일**^{Lookup Table Files} 페이지에서 확인할 수 있다. 모든 앱에서 사용 가능하도록 권한을 변경하면 **전역**^{Global}으로 권한이 수정된다.

이제 스플렁크에서 룩업 파일에 접근이 가능하므로, 룩업 정의^{Lookup definition}를 생성할 차례이다.

1. **룩업**Lookups 페이지에서 **룩업 정의**Lookup definitions 옆에 **새로 추가**Add new 옵션을 클릭한다.

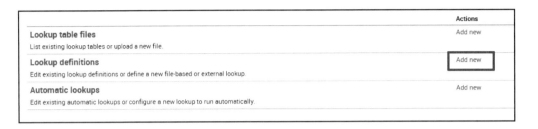

2. 다시 한 번 현재 설정이 Destinations 앱 컨텍스트로 저장되는지 확인한다.
3. 이름Name 필드에 http_status를 입력한다.
4. **유형**Type을 **파일 기반**File-based으로 둔다. **룩업 파일**Lookup file 드롭다운에서 http_status. csv를 찾아 선택한다.
5. 체크박스를 선택하지 않고 그대로 둔다.

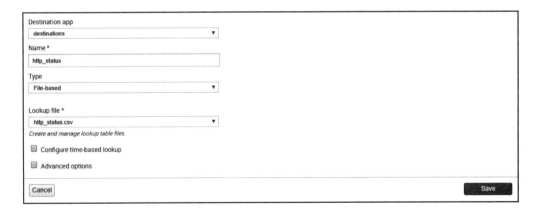

6. 설정 내용을 저장한다.
7. 이제 새로운 룩업의 설정을 룩업 정의 페이지에서 확인할 수 있을 것이다. 공유 Sharing 권한이 전역Global이 되도록 권한Permissions을 모든 앱All apps으로 변경한 후, **모든 사용자**Everyone에게 **읽기**Read 권한을, admin 사용자에게 **쓰기**Write 권한을 할당한다.

이제 새로운 룩업을 사용해보자.

1. Destinations 앱 검색바에서 다음을 입력한다.

```
SPL> eventtype=destination_details | top http_status_code
```

2. 이 결과에는 원시 상태 코드값을 갖는 http_status_code열과 함께 각각의 개수 count와 백분율percentage이 표시된다. lookup 명령어를 사용해 검색을 확장해보자.

```
SPL> eventtype=destination_details
    | top http_status_code
    | rename http_status_code AS status
    | lookup http_status status OUTPUT
      status_description, status_type
```

3. 다음 결과를 살펴보자. 이전 단계들을 통해 룩업을 활용할 수 있게 됨으로써 상태 코드 종류와 그 설명이 같이 표시되는 결과를 얻게 되었다.

status ≎	count ≎	percent ≎	status_description ≎	status_type ≎
301	155	21.587744	Moved Permanently	Redirection
500	149	20.752089	Internal Server Error	Server Error
302	140	19.498607	Found	Redirection
404	138	19.220056	Not Found	Client Error
200	136	18.941504	OK	Successful

필요할 때마다 룩업을 추가하는 것이 좋지만 평상시 사용자가 반복적으로 사용하는 경우라면 http_status_code를 포함하는 검색이 실행될 때 자동으로 룩업이 연동되도록 하는 것이 좋다. 이렇게 하려면 다음 단계를 따른다.

1. 설정Settings으로 놀아가서 룩업Lookups 페이지로 이동한다.
2. 자동 룩업Automatic Lookups 옆에 있는 새로 추가Add new를 클릭한다.

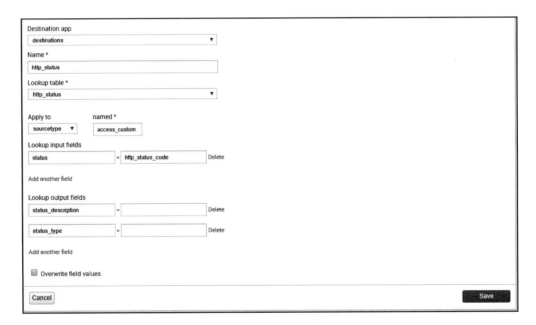

Create and configure lookups.

	Actions
Lookup table files List existing lookup tables or upload a new file.	Add new
Lookup definitions Edit existing lookup definitions or define a new file-based or external lookup.	Add new
Automatic lookups Edit existing automatic lookups or configure a new lookup to run automatically.	Add new

3. 다음 정보로 빈칸을 채워넣는다. 룩업 출력 필드Lookup output fields에서 두 번째 열을 공백으로 두면 파일의 필드 이름이 기본으로 설정된다. 완료되면 **저장**Save을 클릭한다.

Destination app

destinations ▼

Name *

http_status

Lookup table *

http_status ▼

Apply to   named *

sourcetype ▼   access_custom

Lookup input fields

status = http_status_code   Delete

Add another field

Lookup output fields

status_description =   Delete

status_type =   Delete

Add another field

☐ Overwrite field values

Cancel   Save

4. **권한**Permissions을 클릭하고 **모든 앱**All Apps을 선택해서 공유sharing 권한을 **전역**Global으로 변경한다. 모든 사용자everyone에게 **읽기**Read 권한을, admin에게 **쓰기**Write 권한을 부여하고 **저장**Save을 클릭한다.

이렇게 변경하면 어떤 점이 좋은지 살펴보자.

1. Destinations 앱 검색으로 바로 돌아가서 다음 명령문을 입력한다.

```
SPL> eventtype=destination_details status_type=Redirection
```

SPL에 명시적으로 룩업 명령어를 사용하지 않고도 룩업 정보의 값을 활용해서 검색 결과를 필터링할 수 있다.

2. http_status_code가 301 혹은 302인 모든 이벤트가 검색 결과로 반환된 것에 주목한다.

> **페즈의 조언:** 원시 이벤트 데이터값들 중 룩업 파일에 대응하는 값이 없는 경우, 기본적으로 그 값은 룩업값을 기준으로 요약하면 없어진다. 룩업에서 사용 가능한 옵션은 스플렁크 문서를 참고하라.

▌ 보고서 생성과 스케줄링

지금까지 4장에서 배운 내용은 매우 중요하다. 이벤트 타입을 사용해 원시 이벤트를 분류하고, 태그를 활용해 데이터를 구분하며, 룩업으로 데이터를 보강하는 세 가지 방법을 배웠다. SPL을 잘 구현하는 방법과 더불어 스플렁크를 효과적으로 사용하기 위해 필수적인 개념이므로 꼭 숙지해야 한다.

스플렁크 보고서report는 저장된 검색saved search으로서, 다른 사용자와 공유하거나 대시보드 패널에서 재사용할 수 있다. 보고서는 주기적인 예약을 통해 실행될 수 있으며, 보고서 결과를 포함하는 이메일을 전송하는 등의 작업도 가능하다.

검색 결과가 통계 테이블이나 시각화 차트로 보여지도록 보고서를 구성할 수도 있다. 보고서는 검색 명령문 혹은 피벗Pivot을 통해 생성된다. 다음은 검색 명령문을 사용해 보고서를 작성하는 예이다.

1. Destinations 앱의 검색 페이지에서 다음 검색문을 실행한다.

   ```
   SPL> eventtype=bad_logins | top client_ip
   ```

   이 검색은 인증 시도가 있었으나 내부 서버 에러 코드 500이 발생한 상위 10개의
   고객 IP 주소를 반환한다.

2. 이 결과를 보고서로 저장^{Contreras}하기 위해 **다른 이름으로 저장**^{Save As} | **보고서**^{Report}
   로 이동하고 Bad Logins라는 제목을 붙인다.

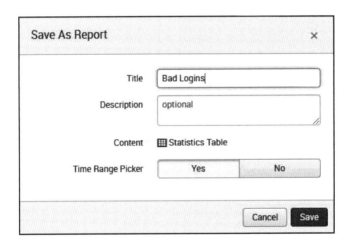

3. 다음으로 **저장**^{Save}를 클릭한다.
4. 다음 **보기**^{View}를 클릭해 검색 결과로 이동한다.
5. 보고서에 올바른 이름이 붙었는지 확인한다. 다음 화면에서 보고서 샘플을 확인
   할 수 있다.

Bad Logins

client_ip	count	percent
12.130.60.4	6	0.323974
141.146.8.66	4	0.215983
131.178.233.243	4	0.215983
125.17.14.100	4	0.215983
68.239.0.0	3	0.161987
23.20.0.0	3	0.161987
208.125.0.0	3	0.161987
174.134.0.0	3	0.161987
161.125.0.0	3	0.161987
159.123.0.0	3	0.161987

6. **편집**Edit 드롭다운을 열면 해당 보고서에 적용 가능한 추가 옵션들을 확인할 수 있다.

다른 사용자가 보고서를 사용할 수 있도록 하려면 사용 권한을 수정해야 한다. 앞에서 이 방법을 설명한 바 있다. 스플렁크에 포함된 다른 객체들의 권한을 편집하는 방법과 동일하다.

일정에 맞춰 이 보고서를 실행하고 그에 따른 조치를 취하기 위해 스케줄을 생성할 수 있다. 유감스럽게도 이메일을 보내려면 메일 서버가 필요하기 때문에 스플렁크가 실행되는 서버에서 이 작업을 수행하지 못할 수도 있다. 대신 지금부터는 보고서에 스케줄을 걸고 완료되면 그 결과에 특정 작업이 실행되도록 하는 절차를 설명할 것이다.

1. **편집**Edit | **스케줄 편집**Edit Schedule으로 이동한다.
2. **스케줄 편집**Edit Schedule에서 **보고서 예약**Schedule Report 체크박스를 선택한다.
3. **스케줄**Schedule 옵션에서 **매일 실행**Every Day을 선택한다. 시간 범위는 검색 시간 범위에 적용된다.

예약 창Schedule windows 설정값은 운영 환경에서 매우 중요하다. 예약 창Schedule windows에 설정되는 값은 시간 범위보다 작아야 한다. 스플렁크 시스템에서 여러 개의 검색이 동시에 실행되는 경우, 스플렁크는 예약 창Schedule windows이 설정돼 있는지 확인하고 지정된 시간까지 또는 실행되는 동시 검색이 없을 때까지 보고서의 실행을 지연시킨다. 이는 스플렁크 시스템을 최적화하는 방법 중 하나이다.

그러나 정확하게 시간 범위를 적용한 결과가 필요한 경우, 예약 창 옵션을 사용해서는 안 된다.

예약 우선순위Schedule priority는 예약된 보고서를 우선순위가 낮은 다른 보고서들보다 먼저 실행시킬 때 기준이 되는 값이며, 여러 개의 보고서가 모두 동시에 실행되도록 예약된 경우 매우 중요해진다.

4. 다음 화면을 참고해 다음 단계로 이동한다.

5. **+ 작업 추가**+ Add Actions를 클릭하고 **이메일 보내기**Send email를 선택하면 추가 이메일 설정 화면이 나온다. 현재 서버에 메일 서버가 없다면 예약된 보고서는 동작하지 않을 것이다. 그렇지만 고급 이메일 설정 내용을 살펴보는 것 또한 의미가 있다.

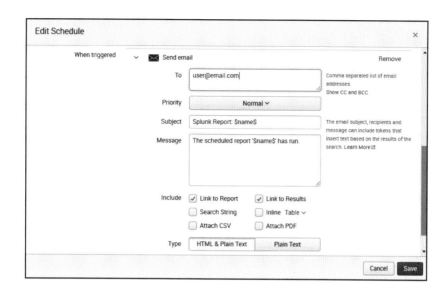

6. **이메일 보내기**^{Send email} 옵션을 제거하고 **저장**^{Save}을 클릭한다. 보고서는 계속 실행될 테지만 이메일 전송 작업은 수행되지 않을 것이다.

보고서에 일반적으로 사용되는 또 다른 옵션은 대시보드 패널로 추가하는 것이다. **대시보드에 추가**^{Add to Dashboard} 버튼을 사용해 이 작업을 수행할 수 있다. 이 옵션은 5장, 동적 대시보드 만들기에서 사용해볼 것이다.

다음을 참고해 SPL로 보고서 몇 개를 생성해보자. 이후 이어지는 장에서 이 보고서들 중 일부를 사용할 것이므로 최선을 다해 모두 생성하도록 한다. 필요할 때마다 언제든 이 부분을 참조하면 된다.

검색문	스케줄	보고서 제목	시간 범위	예약 창
eventtype=bad_payment | top client_ip	매시간 실행^{Run every hour}	Bad payments	최근 24시간^{Last 24 hrs}	30분^{30 mins}
eventtype=good_bookings | timechart span=1h count	매일 실행^{Run every day}	Bookings last 24 hrs	최근 24시간^{Last 24 hrs}	15분^{15 mins}

경고 생성하기

경고alert는 IT 및 보안 운영에서 매우 중요하다. 경고는 시스템 상태를 모니터링하고 제어를 담당하는 작업자가 시스템의 상태를 미리 인지할 수 있도록 한다. 작업자가 보고서를 실행해서 발생 가능성이 있는 문제를 발견할 때까지 기다려야 하는 것과 달리, 경고를 사용하면 문제가 감지되자마자 빠르게 조치를 취할 수 있다. 오늘날에는 시시각각 네트워크를 침입하려는 시도가 감지되는데, 이는 잠재적으로 조직을 파괴시킬 수 있는 위협이며 그런 일이 발생할 경우 상당한 대가를 치르게 될 것이다.

물론 경고는 경고를 통해 제공받는 정보가 제어 가능하고 충분히 조치가 가능한 경우에만 유익하다. 우선순위가 낮은 항목 때문에 경고가 발생되거나 관련 없는 항목으로 인해 너무 자주 경고가 발생되도록 해서는 안 된다.

 페즈의 조언: 스플렁크에서 바로 사용해볼 수 있는 경고 기능은 이메일 전송을 통한 방법이다. 문자 메시지를 사용하고 싶을 수도 있을 텐데, 스플렁크 기본 기능에서 이를 지원하지 않을 때는 스플렁크 커뮤니티에서 방법을 찾아보면 된다. Splunkbase의 https://splunkbase.splunk.com/app/2865/에서 Twilio SMS Alerting 애드온을 사용해보면 어떨까? 아니면 Splunk answers에 조언을 구하거나 다양한 의견을 참고하는 방법도 있다.

다음은 예약 실패 시나리오에 해당하는 상황이 언제 발생했는지를 알아내는 예이다. 500 HTTP 상태 코드로 정의된 이벤트 타입을 활용하면 된다. 5xx 상태 코드는 웹 애플리케이션에서 가장 치명적인 오류이므로 당연히 해당 내용을 알아야만 한다. 예약 실패 이벤트가 발생하면 경고가 발생하도록 만들어보자. 다음 단계를 따른다.

1. 경고를 만들기 위해서 시간 범위 선택기를 최근 60분Last 60 minutes으로 선택하고 다음 명령문을 실행한다.

```
SPL> eventtype=bad_bookings
```

2. **다른 이름으로 저장**^{Save As} | **경고**^{Alert}를 클릭한다. **경고로 저장**^{Save As Alert} 창에서 다음 화면을 참고해 정보를 입력한다.

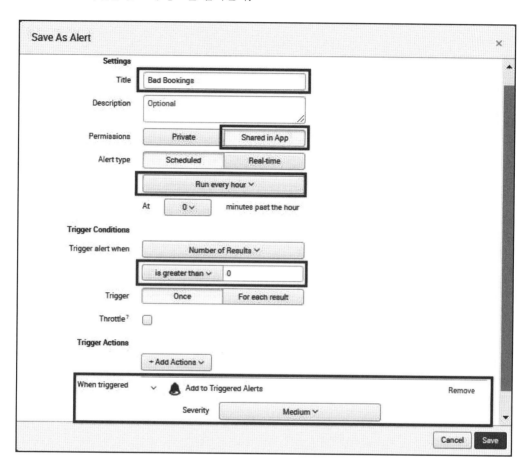

다음은 이 창에 있는 옵션에 대한 설명이다.

- **권한**^{Permissions}: 지금까지 설명했던 권한과 동일하다. 경고에도 역시 적용된다.
- **경고 유형**^{Alert type}: 경고를 생성하는 방법은 두 가지인데, 검색을 실행하는 방식이 예약(원할 때마다 즉시^{ad hoc})인지 혹은 실시간인지에 따라 결정된다. 스플렁크는 다음과 같이 예약 기간을 미리 정의해 쉽게 선택할 수 있도록 지원한다.

- 매시간 실행Run every hour
- 매일 실행Run every day
- 매주 실행Run every week
- 매월 실행Run every month
- 예약 기간이 미리 정해져 있으면 편리하지만, 검색을 세밀하게 조정해야 하는 경우도 있다. 이 때문에 바로 다섯 번째 옵션인 **크론 스케줄로 실행**Run on Cron schedule이 지원된다. 이 옵션에 대해서는 4장 뒷부분에서 자세히 다룰 것이다.

- **트리거 조건**Trigger Conditions : 경고를 언제 발생시킬지 결정하는 조건 혹은 규칙이 필요하다. 스플렁크가 제공하는 조건은 다음과 같다.
  - **결과 수**Number of Results : 가장 많이 사용된다. 검색이 특정 개수의 이벤트를 반환할 때마다 경고가 발생한다.
  - **호스트의 수**Number of Hosts : 검색을 기반으로 얼마나 많은 호스트가 이벤트를 반환했는지 알고 싶을 때 사용한다.
  - **원본의 수**Number of Sources : 검색을 기반으로 얼마나 많은 데이터 소스가 이벤트를 반환했는지 알고 싶을 때 사용한다.
  - **사용자 지정**Custom : 검색 결과에서 반환된 특정 필드 값을 기준으로 경고를 발생시키고자 할 때 사용한다.

- **트리거 작업**Trigger Actions : 트리거 조건이 충족될 때 호출되는 작업이다. 현재 Splunk Enterprise에 포함된 기본 트리거 작업에는 여러 가지가 있다.
  - **트리거된 경고에 추가**Add to Triggered Alerts : **작업**Activity | **트리거된 경고**Triggered alerts 페이지에 추가된다. 스플렁크에 포함된 옵션이므로 이 책에서 설명할 것이다.
  - Log Event : 이벤트를 포워더 혹은 그 외 Splunk Enterprise 서버 같은 스플렁크 수신자에게 전송한다.
  - **룩업으로 결과 출력**Output Results to Lookup : 이전 예처럼 이벤트를 또 다른 스플렁크 수신자로 전송하는 것이 아니라, 룩업 테이블로 결과를 출력해 스플렁크 서버에서 수집하도록 하거나 3장에서 다뤘던 룩업 기능을 활용해 스플렁크

에서 검색될 수 있도록 한다.

- **스크립트 실행**^{Run a script}: 경고가 생성될 때마다 $SPLUNK_HOME/bin/scripts 디렉터리에 있는 스크립트(예: 파워셸^{Powershell}, 리눅스 셸^{Linux Shell} 또는 파이선 스크립트^{Python script})를 실행할 수 있다. 이 기능은 트리거를 기반으로 자체적인 복구 작업 또는 원격 종료 작업을 수행하는 데 유용하게 사용될 수 있다.

- **이메일 보내기**^{Send e-mail}: 흔하게 사용되지만 구성할 메일 서버가 필요하다.

- **Webhook**: 스플렁크가 외부 애플리케이션으로 HTTP POST 요청을 보내도록 할 수 있다.

- **작업 관리**^{Manage Actions}: 이 옵션은 더 많은 작업을 연동할 수 있는 기능이라는 점에서 유용하다. 기본적으로 제공되는 스플렁크 패키지에는 포함돼 있지 않지만, 이미 제작된 스플렁크 애드온으로 추가 작업을 수행할 수 있다. 경고가 발생한 후에는 일반적으로 서비스나우^{ServiceNow} 같은 IT 서비스 관리 툴에 인시던트 및 이벤트를 생성하거나 슬랙^{Slack} 같은 협업 툴로 메시지를 보내는 작업이 이어질 수 있다.

저장^{Save}을 클릭하고 첫 번째 경고를 저장한다. Splunk Enterprise 평가판 라이선스를 사용하는 경우, 기간이 만료된 후에는 경고가 동작하지 않을 수 있다는 메시지가 표시될 것이다. 주의가 필요한 내용이다. 바로 **경고 보기**^{View Alert}를 클릭해 Booking Errors(접수 오류) 경고에 대한 상세 화면으로 이동한다.

필요한 경우 경고 상세 페이지에서 설정을 변경할 수 있다. **트리거된 경고에 추가**^{Add to Triggered Alerts}를 선택했으므로 이제 이 경고가 과거에 트리거된 기록을 볼 수 있다. Eventgen 데이터는 무작위로 생성되고 있으며 경고는 매시간마다 실행되도록 예약했으므로 결과를 보기까지 잠시 기다려야 할 것이다.

Bad Bookings

Enabled: .... Yes. Disable	Trigger Condition: ...... Number of Results is > 0. Edit
App: .... destinations	Actions: .... ∨ 1 Action Edit
Permissions: .... Shared in App. Owned by admin. Edit	🔔 Add to Triggered Alerts
Modified: .... Feb 5, 2018 10:30:20 AM	
Alert Type: .... Scheduled. Hourly, at 0 minutes past the hour. Edit	

Trigger History

20 per page ∨

	TriggerTime ⇕	Actions
1	2018-02-05 12:00:02 Central Standard Time	View Results
2	2018-02-05 11:00:02 Central Standard Time	View Results

▌ 검색과 보고서 가속화

보고서의 검색 속도를 높이기 위한 가속 기법이 있다. 적용 방법은 다음과 같다.

1. Destinations 앱 탐색바에서 **보고서**^{Reports}를 클릭한다.

2. Bookings Last 24 Hrs 보고서에서 **편집**^{Edit} | **가속 편집**^{Edit Acceleration}을 클릭한다.

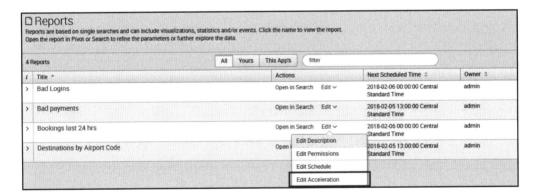

🗋 Reports

Reports are based on single searches and can include visualizations, statistics and/or events. Click the name to view the report.
Open the report in Pivot or Search to refine the parameters or further explore the data.

4 Reports				All	Yours	This App's	filter	

i	Title ^	Actions		Next Scheduled Time ⇕	Owner ⇕
>	Bad Logins	Open in Search	Edit ∨	2018-02-06 00:00:00 Central Standard Time	admin
>	Bad payments	Open in Search	Edit ∨	2018-02-05 13:00:00 Central Standard Time	admin
>	Bookings last 24 hrs	Open in Search	Edit ∨	2018-02-06 00:00:00 Central Standard Time	admin
>	Destinations by Airport Code	Open i		2018-02-05 13:00:00 Central Standard Time	admin

Edit Description
Edit Permissions
Edit Schedule
Edit Acceleration

118

3. 다음 화면처럼 **1일**^{1 Day} 옵션을 선택하고 **저장**^{Save}을 클릭한다.

4. 가속화 상태를 확인하기 위해 **설정**^{Settings} | **보고서 가속 요약**^{Report acceleration summaries} 을 클릭한다.

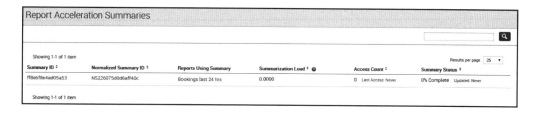

 Eventgen이 1일 넘게 실행되지 않았다면, 가속화 범위에 해당하는 데이터가 충분치 않기 때문에 보고서 가속이 실행되지 않을 것이다. Eventgen이 계속 실행되고 있어야 보고서 가속화를 적용할 수 있다는 사실을 기억하라.

스케줄링 옵션

스플렁크 인프라가 아무리 고도화되고 성공적으로 확장되었다 하더라도, 예약된 모든 보고서와 경고가 동시에 실행되는 경우 성능에 문제가 발생하기 시작한다. 보통 동시 검색 수 혹은 과거 검색 수가 한계에 도달했다는 스플렁크 메시지를 받게 될 것이다. 각 스플렁크 서버 또는 서버들마다 일정 CPU 코어 개수에 대해 실행 가능한 검색 수가 정해져 있다. 따라서 필연적으로 대부분의 스플렁크 관리자는 동시에 실행되는 검색 수를 제한하는 방법과 관련한 문제에 부딪히게 된다. 더 많은 서버를 스플렁크 환경에 추가함으로써 이 문제를 해결할 수 있지만 비용 측면에서 효율적인 방법은 아니다.

예약된 검색, 보고서, 경고, 대시보드 등이 적당히 시차를 두고 실행되도록 계획하는 것은 물론, 모두가 동시에 실행되지는 않는지 확인하는 것이 중요하다. 시간을 조정하는 방법과 더불어 예약된 검색을 실행하는 데 있어서 성공적으로 시차를 설정하는 방법은 두 가지이다.

- **시간 창**Time windows: 여러 검색이 동시에 실행되지 않도록 하는 첫 번째 방법은 시간 창을 설정하는 것이다. 이번 4장 앞부분에서 이 작업을 수행한 바 있다. 그러나 정확한 시각으로 검색을 예약해야 하는 경우라면 이상적인 방법은 아니다.

- **사용자 정의 크론**Cron **스케줄**: 예약을 생성하는 고급 기법이다. 크론Cron은 백그라운드 프로세스로 실행되는 시스템 데몬system daemon 혹은 컴퓨터 프로그램으로, 전통적으로 UNIX 시스템에서 사용돼왔으며 지정된 시각에 작업이 실행되도록 한다.

사용자 정의 크론 스케줄을 사용하는 방법에 대한 예를 살펴보도록 하자. Destinations 앱 검색바에서 지불 시 발생한 모든 오류를 찾는 검색으로 시작해보자.

1. 다음 검색을 입력하고 실행한다.

```
SPL> eventtype=bad_payment
```

2. 다른 이름으로 저장^{Save As} | 경고^{Alert}를 클릭해서 결과를 경고로 저장한다.

3. Payment Errors(지불 오류)라는 제목을 붙인다.

4. 권한을 앱에서 공유됨^{Shared in App}으로 변경한다.

5. 경고 유형^{Alert type}을 크론 스케줄로 실행^{Run on Cron Schedule}으로 선택한다.

6. 시간 범위^{Time Range} 버튼을 클릭해 시간 범위 선택기의 축소 버전으로 이동한다.

7. 상대^{Relative} 탭의 시작^{Earliest} 필드에 15를 입력하고 드롭다운을 분 전^{Minutes Ago}으로 변경한다. 그리고 정확히 분 단위에서 시작되도록 분의 시작^{Beginning of minute}을 선택한다.

8. 종료^{Latest}는 기본값인 지금^{Now}으로 둔다.

9. 적용^{Apply}을 클릭한 후 경고로 저장^{Save As Alert} 창으로 돌아간다. 적용^{Apply} 버튼을 클릭하지 않으면 지금 변경한 설정 내용이 저장되지 않는다.

10. 크론 표현식^{Cron Expression} 필드는 기본값으로 둔다. 크론 표현식 옵션을 명확히 이해하려면 다음 테이블을 확인하라.

11. 마지막으로 트리거 작업^{Trigger Actions}을 트리거된 경고에 추가^{Add to Triggered Alerts}로 변경한다. 다음 화면을 참조하라.

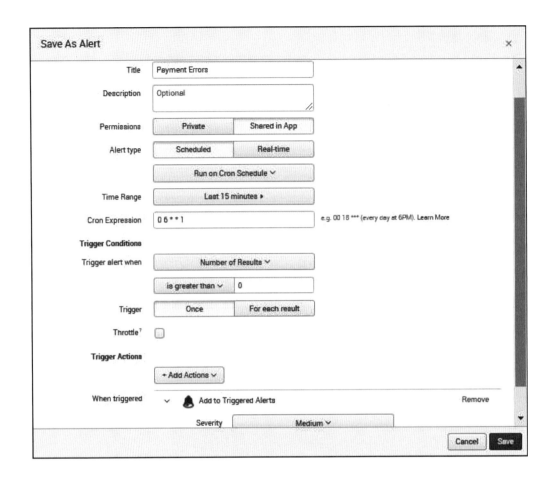

12. **저장**Save를 클릭하고 종료한다.

크론 표현식 * * * * *은 분, 시간, 일, 월, 요일에 해당한다.

다음 예를 보면 크론 표현식을 훨씬 쉽게 배울 수 있을 것이다. 예제가 많을수록 크론의 스케줄링 방식을 더 정확하게 이해하는 데 도움이 된다. 다음은 전형적인 사용 예이다.

크론 표현식	스케줄
*/5 * * * *	매 5분마다
*/15 * * * *	매 15분마다
0 */6 * * *	매 6시간마다 정각에
30 */2 * * *	매 2시간마다 30분에 (예를 들어 3:30)
45 14 1,10 * *	매월 1일과 10일 오후 2:45분에
0 */1 * 1–5	월요일부터 금요일까지 매시에
2,17,32,47 * * * *	매시간 2분, 17분, 32분, 47분

지금까지 크론 표현식에 대해 알아봤으므로 이제는 모든 검색이 서로 다른 일정에 따라 정확하게 실행되도록 미세하게 조정할 수 있을 것이다.

요약 인덱싱

스플렁크는 데이터를 축적한 다음 단 며칠 만에 이벤트가 버킷 프로세스를 거치도록 이동시키는 작업을 한다. 안정적으로 스플렁크를 구축했다면 보통 수백만 건 또는 수십억 건의 이벤트를 처리하는 것이 일반적인데, 이런 환경에서 시간 범위가 긴 검색이 얼마나 느려질 수 있는지 경험하게 될 것이다.

이 문제를 피하는 방법에는 두 가지가 있다. 이번 4장의 앞부분에서 설명한 검색 가속화와 더불어 요약 인덱싱summary indexing을 통해 대용량 데이터에 대한 검색 결과를 더 빠르게 얻을 수 있다.

요약 인덱싱을 사용하면 예약된 검색으로 실행된 결과가 summary라는 분리된 인덱스에 저장된다. 그 결과에는 검색에 대해 계산된 통계값만 표시된다. 결과적으로 엄청난 양의 상세 이벤트 레코드를 처리한 후 그 결과를 요약하는 것이 아니라, 훨씬 빨리 검색하고 보고할 수 있는 매우 작은 데이터셋을 만드는 것이다. 이 개념은 관계형 데이터베이스 관리 시스템에서 집계 테이블 또는 사전에 정의된 뷰를 생성하는 방식과 유사하다. 관계형 데이터베이스 시스템에서는 데이터를 미리 계산해서 나중에 접근할 수 있도록 그 결과를 저장한다.

예를 들어, 지불 오류 건수를 추적하고 그 결과를 요약 인덱스에 저장하고 싶다고 하자. 이 경우 다음 과정을 따른다.

1. Destinations로 가서 **설정**Settings │ **검색, 보고서 및 경고**Searches, Reports, and Alerts로 이동한다.

2. **새 보고서**New Report 버튼을 클릭해서 예약된 검색scheduled search을 새롭게 생성한다.

3. 다음을 참고하라.

   - **제목**Title: Summary of Payment Errors(지불 오류 요약)
   - **검색**Search: eventtype=bad_payment │ stats count
   - **시작 시간**Earliest time: −2m@m
   - **종료 시간**Latest time: now
   - **앱**App: Destinations
   - **시간 범위 선택기**Time Range Picker: 아니오No

4. 완료되면 **저장**Save을 클릭한다.

다음 화면을 참고하라.

이제 다음 단계를 따른다.

1. 방금 생성한 보고서 옆에 **편집**Edit 드롭다운을 클릭하고 **스케줄 편집**Edit Schedule을 선택한다.

2. **스케줄**을 **크론**으로 변경한다.

3. **크론 표현식**을 */2 * * * *로 설정한다.

4. **저장**Save을 클릭한다.

다음 화면을 참고하라.

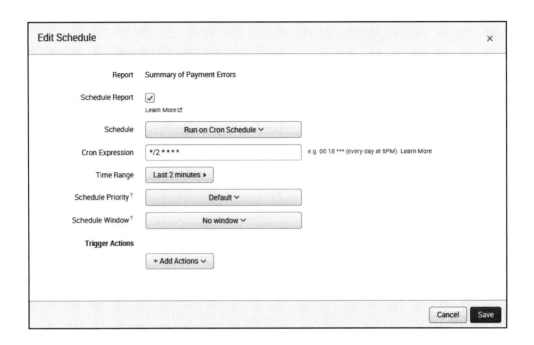

이제 다음 단계를 실행한다.

1. 다시 보고서 옆에 **편집**[Edit] 드롭다운을 클릭하고 **요약 인덱싱 편집**[Edit Summary indexing] 을 선택한다.

2. 요약 인덱싱을 적용하기 위해 체크박스를 선택한다.

3. **필드 추가**[Add fields] 섹션에서 새로운 필드를 추가한다. 값은 summaryCount, count 가 돼야 한다.

다음 화면을 참고하라.

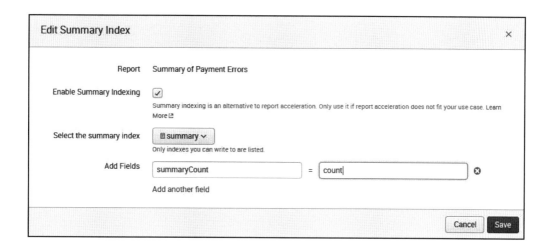

4. 완료되었으면 저장한다.

5. 몇 분을 기다린 후 Destinations 앱의 검색 페이지로 이동한다. 다음 검색을 입력하고 실행한다.

```
SPL> index=summary search_name="Summary of Payment Errors" | table
_time,count
```

table 명령어 때문에 검색 결과가 통계statistics 탭에 먼저 나타날 것이다. 이벤트Event 탭을 클릭하면 summary 인덱스로 로딩된 이벤트를 확인할 수 있다. 원래 이벤트 필드들이 제거된 것을 볼 수 있을 것이다. 또한 2분 동안 반환된 결과가 없다 하더라도 이벤트는 count=0 으로 저장된다는 사실 역시 중요하다. 5장에서는 이 정보를 활용해 최적의 대시보드를 만들어볼 것이다.

▍ 요약

4장에서는 이벤트 타입을 활용한 데이터 분류, 태그를 활용한 데이터 표준화, 룩업을 통한 데이터 보완 등 데이터를 보강하는 세 가지 방법에 대해 살펴봤다. 또한 보고서 가속화와 함께 보고서를 만들고 경고를 설정하는 기법을 배웠다. 예약된 검색을 세밀하게 조정할 수 있을 뿐만 아니라 실행 시간에 시차를 둘 수 있도록 하는 방법으로 크론 표현식을 소개했다. 마지막으로 요약 인덱싱 개념에 대해 소개하면서 사전에 집계된 데이터를 대상으로 검색을 실행할 때 성능을 높일 수 있는 방법도 설명했다.

다음 5장 동적 대시보드에서는 데이터를 시각화하는 방법에 대해 배울 것이다.

05

동적 대시보드

스플렁크를 사용하면 대시보드로 한 화면에서 다양한 KPI 또는 보고서^{reports}를 쉽게 시각화할 수 있다. 대시보드를 채택하는 사용자 입장에서 대시보드는 사용하기 쉬워야 하며 신중하게 배치돼 공통된 많은 쿼리에 대한 답을 신속하게 보여주어야 한다. 이전 연습문제에서 살펴봤듯이 스플렁크는 데이터를 시각적으로 표현하는 다양한 종류의 차트를 지원한다. 따라서 많은 시간을 들이지 않고도 하나의 대시보드 안에 차트와 보고서를 쉽게 배치할 수 있다. 이제부터는 직접 개발한 소프트웨어를 사용할 때보다 훨씬 더 짧은 시간 안에 대시보드를 변경할 수 있음을 여러 예를 통해 보게 될 것이다.

5장에서 다루는 내용은 다음과 같다.

- 다양한 종류의 대시보드 살펴보기
- 대시보드를 만들기 위해 비즈니스 요구사항 파악하기

- 대시보드 패널^{panels} 수정하기
- 핵심 성과 지표를 보여주는 다수의 패널이 포함된 동적 대시보드 제작하기

▌ 효과적인 대시보드 만들기

스플렁크를 사용하면 여러 패널이 배치된 강력한 분석 대시보드를 쉽게 개발할 수 있다. 그러나 패널이 너무 많으면 스크롤바를 사용해서 대시보드 페이지를 움직여야 하므로 사용자가 중요한 정보를 놓칠 수 있다. 효과적인 대시보드는 일반적으로 다음 조건을 만족해야 한다.

- **단일 화면**: 대시보드는 스크롤바 없이 단일 창이나 페이지에 맞아야 한다.
- **다중 측정점**^{Multiple data points}: 차트 및 시각화 컴포넌트는 여러 개의 측정점을 표현해야 한다.
- **중요 정보 강조 표시**: 대시보드는 적절한 제목, 레이블, 범례, 마커^{markers}, 조건부 서식을 사용해 가장 중요한 정보를 강조해야 한다.
- **사용자 중심 제작**: 데이터는 사용자에게 의미 있는 방식으로 표현돼야 한다.
- **빠른 로드**: 대시보드는 10초 이내에 결과를 반환해야 한다.
- **중복 제거**: 화면 여러 위치에 동일한 정보를 반복 배치해서는 안 된다.

▌ 대시보드 종류

일반적으로 스플렁크로 만들 수 있는 대시보드의 종류는 세 가지이다.

- 동적 폼 기반^{Dynamic form-based} 대시보드
- 실시간 대시보드
- 예약된 보고서 형태의 대시보드

동적 폼 기반 대시보드를 사용하면 스플렁크 사용자는 해당 페이지를 벗어나지 않고도 대

시보드 데이터를 수정할 수 있다. 대시보드에 데이터 기반 입력 필드(시간, 라디오 버튼, 텍스트 상자, 체크박스, 드롭다운 등)를 추가함으로써 구현이 가능하다. 사용자가 선택한 입력 내용이 갱신되면서 데이터가 변경되는 것이다. 동적 폼 기반 대시보드는 수십 년 전부터 전통적인 비즈니스 인텔리전스 툴^{business intelligence tools}에서 사용해온 방식이다. 그런 툴을 빈번하게 사용해왔던 사용자들에게는 즉석에서 프롬프트 값을 변경해 대시보드 데이터를 갱신하는 이 방법이 낯설지 않을 것이다.

실시간 대시보드는 보통 대형 화면에 지속적으로 특정 값을 보여주기 위한 용도로 사용되는데, 이를 채택하는 이유는 간단하다. 실시간 대시보드가 매우 유용하기 때문이다. 데이터 센터, **네트워크 운영 센터**^{NOC} 또는 **보안 운영 센터**^{SOC}에서 이런 대시보드를 많이 볼 수 있는데, 실시간 데이터를 일정한 형식에 맞추어 보여주고 작업자가 문제를 쉽게 식별해서 조치할 수 있도록 지표^{indicator}와 경고^{alter}도 같이 보여준다. 일반적으로 이런 대시보드는 웹 성능 및 트래픽, 수익 변동, 로그인 실패, 그 외 중요한 측정값에 대한 지표^{indicator}를 통해 보안, 네트워크 또는 비즈니스 시스템의 현재 상태를 알려준다.

예약된 보고서 형태의 대시보드는 화면에 보이지 않을 수도 있다. 대시보드 화면 자체를 PDF로 저장해서 정해진 시간에 이메일을 통해 특정 수신자에게 전송되도록 할 수 있다. 이는 일정한 시간 간격으로 여러 수신자에게 갱신된 정보를 보내야 하는 경우 이상적인 방식이다. 수신자는 갱신된 정보를 확인하기 위해 직접 스플렁크에 접속할 필요가 없다.

5장에서는 처음 두 종류의 대시보드를 만들어볼 것이다. 이를 통해 스플렁크 대시보드 편집기로 고급 시각화 화면을 개발하는 방법을 터득하게 될 것이다.

비즈니스 요구사항 파악하기

스플렁크 관리자로서 가장 중요한 역할 중 하나는 데이터를 책임지는 일이다. 스플렁크 관리자는 데이터 관리인으로서 정보가 해석되고 사용자에게 표현되는 방식에 상당한 영향을 미친다. 일반적으로 관리자가 처음 몇 개의 대시보드를 만드는 것이 보통이다. 그러나 보다 양질의 대시보드를 구현하기 위해서는 협업을 통해 대시보드가 다양한 사용자의 요구사항을 만족시킬 수 있도록 해야 하는데, 이는 관리자 권한을 갖는 소수의 스플렁크 개발 인력만으로 가능하다.

스플렁크에서 제공하는 대시보드 및 보고서가 사용자 입장에서 어떻게 하면 유용하게 사용될 수 있을지 사용자에게 지속적으로 의견을 구하는 습관을 갖는 것이 좋다. 매일 일상적으로 사용자와 대화함으로써 비즈니스 프로세스 흐름도 혹은 시스템 구성도를 칠판에 그려가며 기본 프로세스와 평가 대상 시스템이 실제로 어떻게 동작하는지 이해하는 것이 우선이다. 비즈니스에 가장 중요한 데이터가 무엇인지 가늠할 수 있는 다음과 같은 발언을 사용자와의 대화에서 찾아내야 한다.

- 이 계약이 성사되지 못하면 우리는 엄청난 손실을 입게 됩니다...
- 이것이 바로 계속되는 실패의 원인입니다...
- 우리는 지금 무슨 일이 일어나고 있는지 모릅니다...
- 추세만 파악할 수 있다면 일이 더 쉬워질 것 같네요...
- 저의 팀장이 원하는 것이 바로 이것입니다...

스플렁크 대시보드를 필요로 하는 사람들은 각자 다양한 비즈니스 분야에 속해 있을 것이다. 어느 조직의 어느 직급이든지 모든 사람들과 대화를 나누는 것이 좋다. 설계자, 개발자, 비즈니스 분석가, 관리자 등과 가까워지면 그 사람 개인뿐만 아니라 그 사람이 속한 조직에 도움이 되는 대시보드를 만들 수 있다. 초기 대시보드 버전으로 사용자와 의견을 나누고 그들의 생각을 파악한 다음 어떤 점을 개선하거나 추가, 변경하면 좋을지 질문하는 것이 좋다.

이제 대시보드의 중요성을 깨닫게 되었기 바란다. 준비는 끝났다. 이제부터는 직접 대시보드를 만들어볼 것이다.

동적 폼 기반 대시보드

이 절에서는 Destinations 앱에 동적 폼 기반 대시보드를 만들어볼 것이다. 사용자가 입력 값을 변경하고 해당 대시보드로 다시 돌아오면 갱신된 데이터가 표시되는 방식이다. 다음 은 이제부터 만들 동적 폼 기반 대시보드의 최종 화면이다.

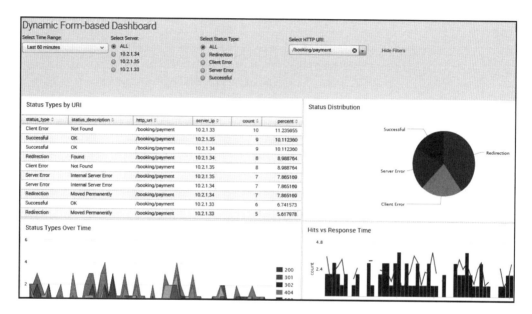

Dynamic dashboard with form input

먼저 대시보드를 생성한 다음 패널을 만들어보자.

1. Destinations 앱의 검색 창으로 이동한다.

2. 다음 검색 명령어를 실행한다.

```
SPL> index=main status_type="*" http_uri="*" server_ip="*"
    | top status_type, status_description, http_uri,
server_ip
```

3. 다른 이름으로 저장^{Save As} | 대시보드 패널^{Dashboard Panel}로 이동한다.

4. 다음 화면을 참고해 정보를 입력한다.

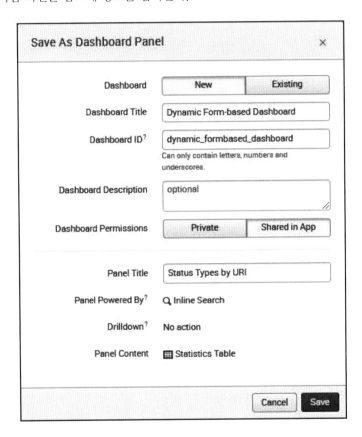

5. 저장^{Save}을 클릭한다.

6. 창 우측 상단 ✖를 클릭해 (대시보드 패널이 생성되었다는 메시지) 팝업 창을 닫는다.

상태 분포 패널 만들기

패널이 모두 완성된 후에 대시보드를 확인해볼 것이다. 이제 두 번째 패널을 만들 차례 이다.

1. 검색 창에 다음 검색 명령문을 입력한다.

```
SPL> index=main status_type="*" http_uri=* server_ip=*
     | top status_type
```

2. 방금 전 새로 만든 대시보드에 이 결과를 패널로 저장한다. **대시보드**Dashboard 옵션 에서 **기존**Existing 버튼을 클릭하고 다음 화면처럼 방금 전 새로 만든 대시보드를 선 택한다. **패널 제목**Panel Title에 Status Distribution(상태 분포)을 입력한다.

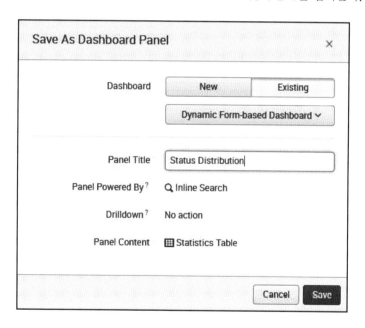

3. 완료되면 **저장**Save을 클릭하고 대시보드에 패널이 추가되었음을 알리는 팝업 창 을 다시 닫는다.

시간에 따른 상태 유형 패널 만들기

이제 세 번째 패널을 만들어보자.

1. 다음 검색 명령문을 입력하고 실행되는지 확인한다.

```
SPL> index=main status_type="*" http_uri=* server_ip=*
    | timechart count by http_status_code
```

2. 이 결과 역시 Dynamic Form-based Dashboard(동적 폼 기반 대시보드)에 패널로 저장할 것이다. 패널 제목Panel Title에 Status Types Over Time(시간에 따른 상태 유형)을 입력한다.

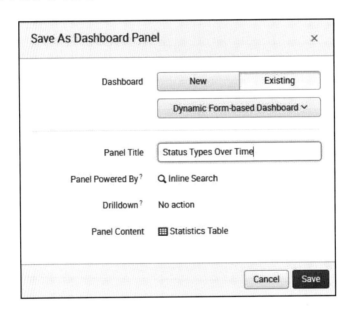

3. 저장Save을 클릭하고 대시보드에 패널이 추가되었음을 알리는 팝업 창을 닫는다.

조회 대 응답 시간 패널 만들기

이제 마지막 패널이다. 다음 검색 명령문을 실행한다.

```
SPL> index=main status_type="*" http_uri=* server_ip=*
    | timechart count, avg(http_response_time) as response_time
```

이 결과를 Hits vs Response Time(조회 대 응답 시간) 패널로 저장한다.

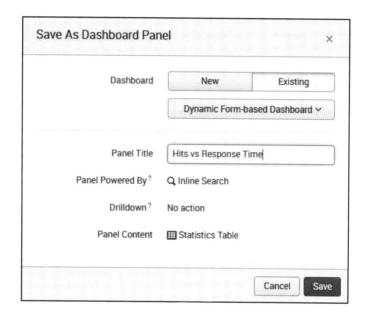

대시보드 배치하기

지금까지 만든 대시보드를 살펴보고 몇 가지를 변경해볼 것이다.

1. **대시보드 보기**View Dashboard 버튼을 클릭한다. **대시보드 보기** 버튼을 클릭할 기회를 놓쳤다면, 탐색바에 있는 **대시보드**Dashboards를 클릭해서 원하는 대시보드를 찾을 수 있다.

2. 패널 배치를 바꿔보자. **편집**Edit 버튼을 클릭한다.

3. Status Distribution(상태 분포) 패널을 우측 상단으로 이동시킨다.

4. Hits vs Response Time(조회 대 응답 시간) 패널을 우측 하단으로 이동시킨다.

5. 저장Save을 클릭해서 변경된 배치 결과를 저장한다.

다음 화면을 보자. 지금까지 만든 대시보드는 다음 화면과 같아야 한다.

대시보드가 너무 평범하다고 생각할 수도 있지만, 걱정할 필요는 없다. 한 번에 한 패널씩
대시보드를 시각적으로 개선할 것이다.

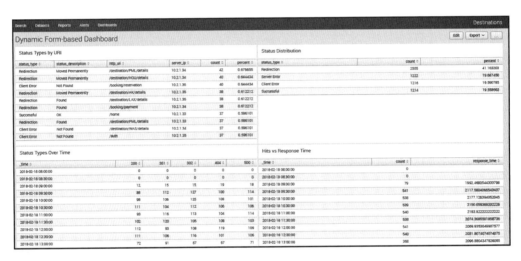

Dynamic dashboard with four panels in tabular format

패널 옵션

이 절에서는 패널의 형식을 바꾸는 방법과 시각화 컴포넌트를 생성하는 방법을 배워볼 것
이다.

편집Edit 버튼을 클릭해서 대시보드 편집 모드로 전환한다.

각 패널에는 **검색 편집**^{edit search}, **시각화 선택**^{select visualization}, **형식 시각화**^{visualization format} 세 가지 설정 옵션이 있다. 드롭다운 아이콘 세 개를 볼 수 있을 것이다.

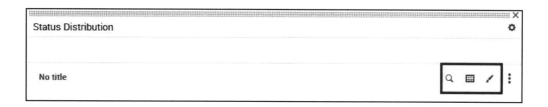

검색 편집^{Edit Search} 창을 사용하면 검색 문자열을 수정할 수 있으며, 검색에 대한 시간 범위 변경이 가능하고, 자동 새로 고침^{auto-refresh} 및 진행률 표시줄^{progress bar} 옵션을 추가할 수 있을 뿐만 아니라 해당 패널을 보고서로 변환할 수도 있다.

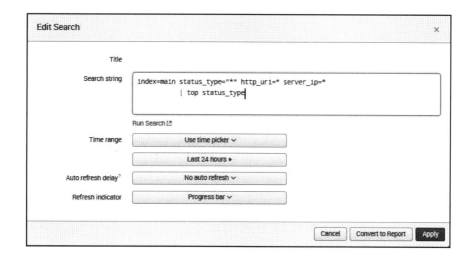

시각화 선택^{Select Visualization} 드롭다운을 사용하면 다음 화면처럼 패널에 적용할 시각화 컴포넌트의 종류를 변경할 수 있다.

마지막으로, **형식 시각화**^{Visualization Options Format} 드롭다운에서 시각적 효과를 미세하게 조정할 수 있다. 이 옵션은 선택한 시각화 컴포넌트의 종류마다 다르다. 일반적인 통계 테이블의 경우, 다음과 같이 나타난다.

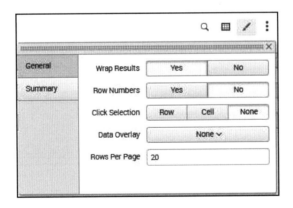

원형 차트 – Status Distribution(상태 분포)

Status Distribution(상태 분포) 시각화 패널을 원형 차트로 변경해보자. **시각화 선택**^{Select} ^{Visualization} 아이콘을 선택하고 **파이**^{Pie} 아이콘을 선택하면 된다. 완료되면 패널은 다음과 같이 보일 것이다.

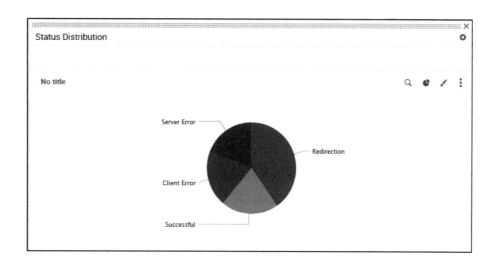

누적 영역 차트 – Status Types Over Time(시간에 따른 상태 유형)

Status Types Over Time(시간에 따른 상태 유형) 패널의 시각화 컴포넌트를 영역 차트^{area} chart로 변경해볼 것이다. 그런데 기본적으로 영역 차트는 누적 형태가 아니다. 시각화 옵션을 조정해 이를 변경해볼 것이다.

1. 이전 원형 차트처럼 동일하게 **시각화 선택**^{Select Visualization} 버튼을 사용해서 Status Types Over Time(시간에 따른 상태 유형) 패널을 **Area** Chart로 변경한다.

2. **형식 시각화**^{Format Visualization} 아이콘을 사용해 영역 차트를 누적 형태로 만든다. 스택 모드^{Stack Mode} 섹션에서 **스택형**^{Stacked}을 클릭한다. **Null 값**^{Null Values}의 경우 0^{zero}을 선택한다. 다음을 참고해서 차트를 만든다.

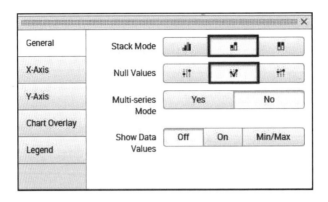

3. **적용**Apply을 클릭한다.[1] 패널이 바로 변경될 것이다.

4. _time 레이블은 이미 포함돼 있기 때문에 제거한다. X축 섹션에서 **제목**Title을 **없음**None으로 설정하면 된다. 오른쪽 상단의 ✕를 클릭해 **형식 시각화**Format Visualization 창을 닫는다.

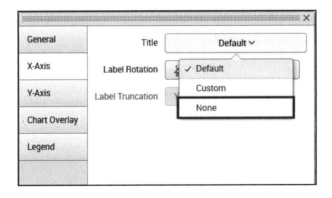

다음 그림은 새롭게 변경한 누적 영역 차트이다.

---

1 적용 버튼은 없다. 바로 변경된다.

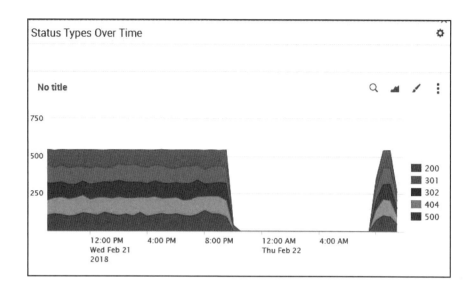

컬럼 오버레이 조합형 차트 – Hits vs Response Time(조회 대 응답시간)

서로 범위가 다른 두 가지 이상의 데이터를 표현할 때는 조합형 차트(이번 경우에는 컬럼 column과 선line을 결합한다)를 이용하면 하나의 기준metric과 하나의 범위scale만 사용하는 것보다 더 많은 정보를 전달할 수 있다. Hits vs Response Time(조회 대 응답 시간) 패널을 사용해 조합형 차트 옵션을 살펴보도록 하자.

1. Hits vs Response Time(조회 대 응답시간) 패널에서 시각화 컴포넌트를 **컬럼형 차트**Column Chart로 변경한다.

2. **형식 시각화**Format Visualization에서 **차트 오버레이**Chart Overlay를 클릭한다.

3. **오버레이**Overlay 선택 박스에서 response_time(응답시간)을 선택한다.

4. **축으로 보기**View as Axis에서 켜기On를 선택한다.

5. 창 좌측 옵션에서 **X축**X-Axis을 클릭하고 **제목**Title을 **없음**None으로 변경한다.

6. 창 좌측 옵션에서 **범례**Legend를 클릭한다.

7. **범례 위치**Legend Position를 **아래**Bottom로 변경한다.

8. **시각화 옵션** 창의 우측 상단에 있는 ✕를 클릭한다.

이제 다음 화면과 비슷한 패널이 나타날 것이다. 이 화면과 이전 화면을 보면 밤 시간대에 분명히 정전이 있었음을 알 수 있다.

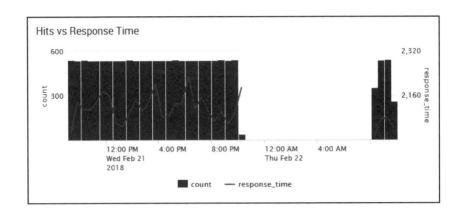

9. 저장Save을 클릭해서 지금까지 변경한 모든 설정을 저장하고 **편집**Edit 모드에서 빠져나온다.

이제 대시보드가 완성되었다. 다음 화면처럼 보여야 성공이다.

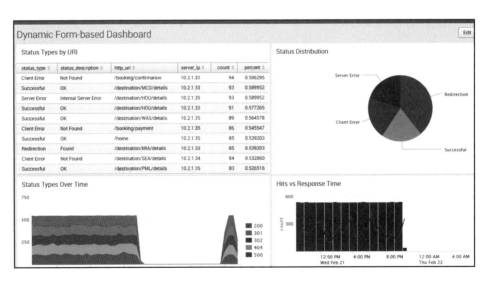

Dynamic form-based dashboard with four panels in different formats

폼 입력

대시보드 배치 작업이 완료되면 이제 대시보드를 동적인 형태로 만들 차례이다. 연습문제로 넘어가기 전에, 먼저 폼form 입력과 관련된 주요 개념을 살펴보자.

여느 웹 페이지에서와 마찬가지로 폼 입력은 사용자가 선택하거나 입력한 정보가 애플리케이션으로 제출submit돼 처리되도록 하는 역할을 한다. 스플렁크 대시보드는 다양한 종류의 폼 입력을 지원한다.

- **텍스트**Text(자유 양식으로 텍스트를 입력한다.)
- **라디오**Radio(라디오 버튼 규칙을 사용한다.)
- **드롭다운**Dropdown(옵션 하나를 선택하기 위해 메뉴 혹은 리스트를 사용한다.)
- **체크박스**Checkbox
- **다중선택**Multiselect(드롭다운과 유사하다. 여러 개를 선택할 수 있다.)
- **링크 리스트**Link list(클릭 가능한 링크들이 수평으로 배치된다.)
- **시간**Time

제출Submit 옵션도 있다. 이 옵션은 실행 버튼이다. 입력을 변경할 때 대시보드가 자동으로 실행되지 않도록 설정했다면, **제출** 버튼을 클릭해야 변경된 내용이 반영된 대시보드가 실행된다.

중요한 사실은 이런 입력 옵션들이 사용자에게 의미가 있고 직관적이라는 것이다. 입력 옵션에 표시되는 선택 항목들은 이벤트 자체가 아니라 룩업Lookup 테이블의 설명 필드가 될 수도 있다.

페즈의 조언: 성능을 고려하는 것을 잊어서는 안 된다. 대시보드는 신속하게 재실행돼야 한다. 그러지 않으면 유연하게 즉시 입력을 변경할 수 있는 대시보드의 장점이 퇴색된다. 초기 벤치마크에서는 10초 미만을 목표로 해도 무방하나, 직관적 이해와 비판적 사용자를 위해서는 5초 미만을 고려해야 한다.

대시보드의 **편집**Edit 모드로 돌아가서 **입력 추가**Add Input 드롭다운 메뉴를 클릭하면 옵션 목록을 확인할 수 있다.

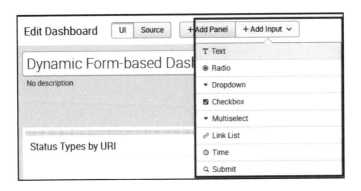

1. **입력 추가**Add Input 드롭다운에서 **텍스트**Text를 선택한다. 편집 가능한 새로운 입력 필드 패널이 대시보드 상단에 추가될 것이다. 연필 아이콘을 사용해 입력란의 속성을 편집하거나 ✕ 아이콘을 사용해 입력란을 완전히 삭제할 수 있다.

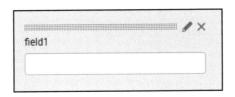

2. 연필 아이콘을 클릭해 속성을 편집한다. 팝업 창 좌측에 있는 선택 항목을 클릭해 입력 종류를 변경할 수 있다.

이런 옵션들은 일반적으로 입력 종류마다 다르지만 반드시 이해해야 하는 공통적인 개념들이 있다. 몇 가지 예를 들기 전에 이 목록을 주의 깊게 살펴보도록 하자.

일반General 섹션에서는 다음 옵션들이 표시된다.

- **레이블**Label: 모든 입력에는 레이블이 필요하다. 이는 자유 형식의 메시지로서, 날짜 범위 혹은 응답 코드 등 사용자가 무엇을 선택해야 하는지 알려주기 위한 목적으로 대시보드에 표시된다.
- **변경사항 검색**Search on Change: 이 체크박스를 선택하면 새로운 입력값이 반영돼 대시보드 패널이 다시 로드된다. 사용자 요구사항을 파악하고 있어야 이 기능의 사용 여부를 결정할 수 있음을 명심하라.

토큰 옵션 Token Options 섹션에는 다음 옵션들이 표시된다.

- **토큰**Token: 폼 입력값을 검색 자체에 연결시킬 때 사용한다. 프로그래밍에서는 이를 변수variable라고 하는데, 예를 들어 시간에 대한 입력을 만들고 토큰 이름을 time1이라고 정했다면 패널의 검색 쿼리에서는 $time1$라는 식별자를 호출해 입

력 필드의 값을 추출할 수 있다. 즉, 토큰 $time1$.earliest와 $time1$.latest를 사용해 특정 필드값을 가져오면 된다. 잠시 후에 이 예를 살펴볼 것이다.

- **기본값**Default: 반드시 선택이 필요한 입력 폼에는 페이지를 로드하면서 반영할 기본값을 지정할 수 있다. 패널 차트에 데이터를 채우기 위해서 초기값이 필요한 경우 이 값이 있어야 한다. 초기값이 없어도 된다면 사용자가 옵션을 선택할 때까지 데이터가 패널에 로드되지 않을 것이다.

- **초기값**Initial Value, **토큰 접두사**Token Prefix, **토큰 접미사**Token Suffix 각 항목의 역할을 이해하기 위해서는 각 항목 옆에 있는 물음표 위로 마우스 포인터를 가져가보자. 이때 보이는 메시지를 참고하라.

이제 **텍스트**Text 입력 옵션에 대한 설명은 마치고 **라디오**Radio 입력 옵션을 살펴볼 차례이다. **정적 옵션**Static Options과 **동적 옵션**Dynamic Options이라는 두 개의 섹션이 추가로 표시될 것이다. 정적 옵션에서는 다음 항목이 나올 것이다.

- **이름**Name **및 값**Value: 입력 필드의 선택지 항목에 나타나는 이름-값 쌍으로, 사용자가 의도한 값들로 구성된 목록을 만든다.

동적 옵션에서는 다음 항목이 나올 것이다.

- **검색 문자열**Search String: 때로 입력 필드에 표시돼야 하는 선택지 항목이 이벤트 혹은 룩업의 형태로 이미 스플렁크에 존재하는 경우가 있다. 이 옵션을 사용하면 검색 쿼리를 사용해 입력 필드를 동적으로 채울 수 있다. 예를 들어, 검색 쿼리 index=main | top host를 통해 최상위 호스트들이 입력 필드에 선택 가능한 항목들로 표시되도록 한다.

- **시간 범위**Time Range: 검색 문자열에 적용될 시간 범위이다. 이 시간 범위를 좁혀서 사용한다.

- **레이블로 사용할 필드**Field for Label: 검색 문자열에서 사용자가 필요로 하는 값을 반환하는 필드이다. 이전 예에서는 host 필드가 필요하다.

- **값으로 사용할 필드**Field for Value: 값으로 사용할 필드를 변경할 수 있지만 되도록 레

이블과 동일한 필드를 사용하는 것이 좋다. 이 값은 실제로 검색에 적용되는 값이다.

┃ 시간 범위 입력 만들기

이제 시간 범위 필드를 설명할 차례이다.

1. 좌측 목록에서 **시간**^{Time}을 선택한다.
2. **일반**^{General} 섹션에서 **레이블**^{Label}에 Select Time Range(시간 범위 선택)를 입력한다.
3. **변경사항 검색**^{Search on Change} 체크박스를 클릭한다.
4. **토큰**^{Token}값으로 time을 입력한다.
5. **기본값**^{Default} 시간 범위에 **최근 24시간**^{Last 24 hours}을 설정한다.
6. 완료되면 **적용**^{Apply}을 클릭한다.
7. 다음 화면을 참고하라.

8. 대시보드 변경 내용을 저장하기 전에 다음 화면처럼 **대시보드 자동 실행**^{Autorun dashboard} 체크박스를 클릭한다. 그다음 **저장**^{Save}을 클릭한다.

이 시점에서 시간 입력 폼을 통해 시간 범위를 변경하더라도 아무것도 변경되지 않을 것이다. 아직 입력 시간이 변경되었을 때 패널이 반응하도록 설정하지 않았기 때문이다. 다음 단계에서는 입력 폼에서 선택된 값으로 채워진 토큰이 검색에 반영되도록 조정해볼 것이다. 다음과 같이 실행한다.

1. 대시보드를 변경하기 위해 **편집**Edit으로 돌아간다.
2. **검색 편집**(Edit Search, 돋보기) 아이콘을 선택한다.
3. **시간 범위**Time Range를 **공유된 시간 선택기**Shared Time Picker (time)로 변경한다.
4. **적용**Apply을 클릭한다.

150

5. **저장**Save을 클릭하고 대시보드 편집 모드에서 빠져나온다.

이제 시간 범위 입력 폼을 변경하면 첫 번째 대시보드 패널이 반응할 것이다. 입력 폼을 변경해도 이를 인식하지 못하는 경우 브라우저를 새로 고침해 대시보드가 최신 버전으로 실행되는지 확인한다. 저자는 입력 폼 기능을 테스트하는 동안 이 문제 때문에 시간을 허비한 경험이 있다.

나머지 세 패널들도 동일한 단계를 적용해 변경해보자. 다음 섹션으로 이동하기 전에 선택한 시간 범위에 따라 각 패널이 변경되는지 확인해야 한다.

▌ 라디오 입력 만들기

이제 라디오 입력을 동적 검색으로 만들고 입력값을 선택해볼 것이다. 사용자는 서버와 상태 유형을 선택할 수 있게 될 것이며 패널에서 참조하는 정보가 변경될 것이다.

1. **편집**Edit을 클릭한다.
2. **입력 추가**Add Input | **라디오**Radio를 클릭한다.
3. 새로 만든 입력 폼에서 **입력 편집**Edit input 아이콘을 클릭한다.
4. **레이블**Label 필드에 Select Server를 입력한다.
5. **변경사항 검색**Search on Change 체크박스를 클릭해서 활성화한다.
6. **토큰**Token 필드에 server를 입력한다.

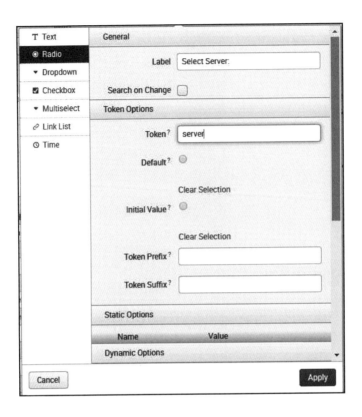

7. **정적 옵션**Static Options까지 스크롤을 내린 다음 **이름**Name에 ALL을, **값**Value에 *를 입력한다.

8. **동적 옵션**Dynamic Options을 클릭한 후 다음 검색문을 **검색 문자열**Search String에 입력한다.

```
SPL> index=main | top server_ip
```

9. 시간 범위를 **최근 60분**Last 60 minutes으로 변경한다.

10. **레이블로 사용할 필드**Field For Label에 server_ip를 입력한다.

11. **값으로 사용할 필드**Field For Value에 server_ip를 입력한다.

12. 이제 **토큰 옵션**^{Token Options}으로 스크롤바를 움직인다.

13. **기본값**^{Default}을 **모두**^{ALL}로 선택한다.

14. **초기값**^{Initial Value}을 **모두**^{ALL}로 선택한다.

15. **적용**^{Apply}를 클릭하고 완료한다.

동적 검색 옵션을 적용한 라디오 입력 폼에 정적 옵션으로 생성된 항목이 같이 채워진 것을 볼 수 있을 것이다. 선택 항목이 주기적으로 변경되는 경우라면 검색 쿼리를 바탕으로 선택지 입력 항목이 생성되는 이런 방식이 최선이다.

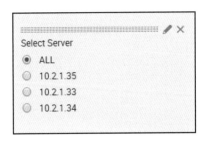

이제는 다음 예를 통해 지금까지 배운 내용을 상기해볼 시간이다. 다음 정보를 사용해 이전과 동일한 단계를 따라 두 번째 라디오 입력 옵션을 만들어보자.

- 레이블[Label] : Select Status Type : (상태 유형 선택:)
- 변경사항 검색[Search on Change] : 체크
- 토큰[Token] : status_type
- 정적 옵션[Static Options] : (이름[Name] : ALL, 값[Value] : *)
- 검색 문자열[Search String] : index=main | top status_type
- 시간 범위[Time Range] : 최근 60분[Last 60 minutes]
- 레이블로 사용할 필드[Field For Label] : status_type
- 값으로 사용할 필드[Field For Value] : status_type
- 토큰 옵션 기본값[Token Options Default] : ALL
- 토큰 옵션 초기값[Token Options Initial Value] : ALL

적용[Apply]을 클릭하고 변경 내용을 저장한다.

정확하게 입력했다면 다음과 같은 라디오 입력 폼이 생성될 것이다.

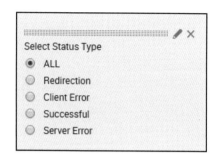

시간 입력 폼을 처음 만들었을 때처럼 토큰을 반영하기 전까지 패널은 새로운 입력값에 반응하지 않을 것이다. 새로운 입력값으로 패널을 변경하려면 패널의 검색 문자열에 새로운 토큰 server, status_type이 포함되도록 각 패널을 수정해야 한다.

1. Status Types by URI(URI에 따른 상태 유형) 패널에서 **검색 편집** 아이콘을 클릭한다.
2. 다음 강조 표시된 구문을 추가하고 검색 문자열을 수정한다. 이렇게 하면 선택된 status_type과 server_ip로 검색 결과가 필터링될 것이다.

```
SPL> index=main status_type=$status_type$ server_ip=$server$
     | top status_type, status_description, http_uri,
server_ip
```

3. **적용**Apply을 클릭해서 입력 폼의 변경 내용을 저장한다.
4. **저장**save을 클릭하고 **편집**Edit 모드를 빠져나온다.
5. 웹 브라우저를 새로 고침해서 전체 페이지를 다시 로드한다.
6. 이제 Select Server(서버 선택)와 Select Status Type(상태 유형 선택)의 입력값을 변경해서 첫 번째 패널 데이터가 변경되는지 확인한다. 변경되지 않으면 브라우저를 새로 고침했는지 다시 확인한다.

다음과 같이 **최근 60분 동안** 10.2.1.34와 Redirection으로 필터링된 데이터가 반환되었으면 성공이다.

Select Time Range:	Select Server:	Select Status Type:
Last 15 minutes ⌄	○ ALL	○ ALL
	○ 10.2.1.35	◉ Redirection
	○ 10.2.1.33	○ Client Error
	◉ 10.2.1.34	○ Server Error
		○ Successful

Status Types by URI

status_type ⌄	status_description ⌄	http_uri ⌄	server_ip ⌄	count ⌄	percent ⌄
Redirection	Moved Permanently	/auth	10.2.1.34	5	11.904762
Redirection	Moved Permanently	/destination/WAS/details	10.2.1.34	4	9.523810
Redirection	Found	/home	10.2.1.34	3	7.142857
Redirection	Moved Permanently	/destination/PML/details	10.2.1.34	2	4.761905
Redirection	Moved Permanently	/destination/MIA/details	10.2.1.34	2	4.761905
Redirection	Moved Permanently	/destination/MCO/details	10.2.1.34	2	4.761905
Redirection	Moved Permanently	/destination/HOU/details	10.2.1.34	2	4.761905
Redirection	Moved Permanently	/booking/reservation	10.2.1.34	2	4.761905
Redirection	Moved Permanently	/booking/payment	10.2.1.34	2	4.761905
Redirection	Found	/destination/PML/details	10.2.1.34	2	4.761905

이제 입력 폼으로 대시보드를 변경하는 방법을 이해했을 것이다. 검색 문자열에 토큰을 반영하는 간단한 작업으로, 패널 차트를 동적으로 변경해 원하는 방식으로 데이터를 필터링할 수 있다. 즉, 사용자는 동일한 대시보드에서 여러 문제를 파악할 수 있는 단서를 얻을 수 있게 된 것이다. 다음을 참고해서 나머지 패널들을 계속 편집해보자. 변경사항이 즉시 반영되지 않으면 브라우저를 새로 고침하라.

1. 상위 10개의 상태 유형을 보여주도록 Status Distribution(상태 분포) 패널을 편집한다.

```
SPL> index=main status_type=$status_type$
     http_uri=* server_ip=$server$ | top status_type
```

2. 선택한 서버와 상태 코드에 따른 이벤트 개수를 timechart로 나타내도록 Status Types Over Time(시간에 따른 상태 유형) 패널을 수정한다.

156

```
SPL> index=main status_type=$status_type$
     http_uri=* server_ip=$server$ | timechart count by
     http_status_code
```

3. 이어서 Hits vs Response Time(조회 대 응답 시간) 패널을 변경한다.

```
SPL> index=main status_type=$status_type$
     http_uri=* server_ip=$server$ | timechart count,
     avg(http_response_time) as response_time
```

▍드롭다운 입력 생성하기

드롭다운 입력 폼은 라디오 입력 폼과 정확하게 동일한 방식으로 동작한다. 드롭다운은 선택지 항목이 너무 많은 경우 불필요하게 전체 페이지가 선택지 항목으로 채워지는 것을 원치 않을 때 사용한다. http_uri 필드에 해당하는 값은 엄청나게 많은데, 바로 이런 경우 드롭다운을 사용하는 것이 적합하다.

입력 폼만 **드롭다운**으로 선택하고 라디오 입력 생성 방법과 동일한 절차를 따르면 된다. 다음 정보와 화면을 참고로 작업을 완료하라.

1. **편집**Edit을 클릭한다.

2. **입력추가**Add Input | **드롭다운**Dropdown을 선택한다.

3. 새로 만든 입력 폼에서 **편집**Edit 아이콘을 클릭한다.

4. **레이블**Label 필드에 Select HTTP URI:(HTTP URI 선택:)를 입력해서 이름을 붙인다.

5. 라디오 버튼을 만들 때처럼 **변경사항 검색**Search on Change 체크박스를 선택한다.

6. **토큰**Token 필드에 http_uri를 입력한다.

7. **정적 옵션**Static Options에 (이름Name: ALL, 값Value:*)을 입력한다.

8. **토큰 옵션**^{Token Options} 섹션에서 **기본값**^{Default}을 모두^{ALL}로 선택한다.

9. **토큰 옵션**^{Token Options} 섹션에서 **초기값**^{Initial Value}을 모두^{ALL}로 선택한다.

10. **동적 옵션**^{Dynamic Options}에 검색 아이콘이 선택됐는지 확인한다.

11. 검색 문자열에 다음을 입력해 main 인덱스를 지정하고 top 0로 http_uri의 모든 값을 반환받도록 설정한다.

```
SPL> index=main | top 0 http_uri
```

12. 시간 범위는 **최근 60분**^{Last 60 minutes}으로 설정한다.

13. **레이블로 사용할 필드**^{Field for Label}에 http_uri를 입력한다.

14. **값으로 사용할 필드**^{Field for Value}에도 http_uri를 입력한다.

15. **적용**^{Apply}을 클릭하고 변경사항을 저장한다.

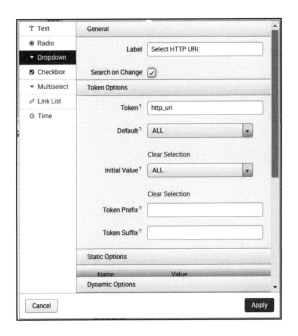

정확하게 따라왔다면 다음과 같은 드롭다운 입력 폼을 보게 될 것이다.

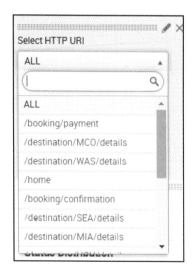

이제 드롭다운 입력 폼을 만들었으므로 토큰을 검색 패널에 반영할 차례이다. 절차는 동일하다. 새 토큰이 포함되도록 각 검색 문자열을 편집해야 한다.

1. 이전에 만든 Status Types by URI(URI에 따른 상태 유형) 패널에 새로운 **드롭다운 토큰** http_uri=$http_uri$을 추가한다. 상위 10개(기본 설정)의 status_types와 함께 status_description, http_uri, server_ip 값들이 반환될 것이다.

    ```
    SPL> index=main status_type=$status_type$ http_uri=$http_uri$
         server_ip=$server$ | top status_type, status_description,
         http_uri, server_ip
    ```

2. 같은 토큰을 Status Types Over Time(시간에 따른 상태 유형) 패널에 추가한다. http_status_code별 발생 건수가 timechart로 표시된다.

    ```
    SPL> index=main status_type=$status_type$ http_uri=$http_uri$
         server_ip=$server$ | timechart count by http_status_code
    ```

3. 마지막으로 같은 토큰을 Hits vs Response Time(조회 대 응답 시간) 패널에 추가한다. http_response_time의 평균값과 이벤트 발생 건수를 timechart로 보여줄 것이다.

    ```
    SPL> index=main status_type=$status_type$ http_uri=$http_uri$
         server_ip=$server$ | timechart count, avg(http_response_time)
         as response_time
    ```

모든 폼 입력이 완료되면 다음과 같은 화면을 보게 될 것이다. 먼저 필터를 걸 수 있는 화면이 위치한다.

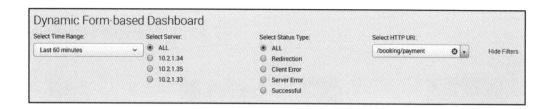

다음은 완성된 동적 폼 기반 대시보드이다.

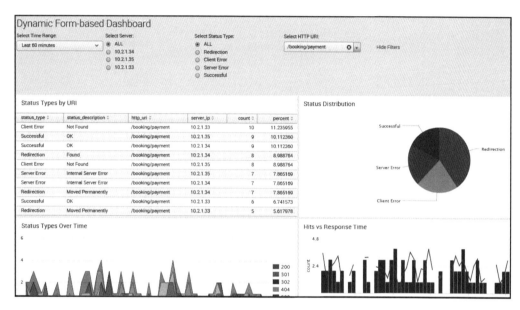

Dynamic form-based dashboard with four chart panels

▌정적 실시간 대시보드

이 절에서는 지금까지 다뤄왔던 데이터를 중심으로 주요 정보를 표시하는 실시간 대시보드를 만들어볼 것이다. 앞으로 만들게 될 대시보드는 다음 화면과 같다.

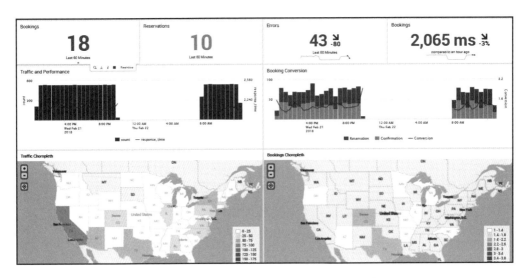

Test real-time dashboard with advanced indicators, combo charts, and choropleth charts

색상 범위가 있는 단일값 패널

이전 절에서는 먼저 검색을 실행해서 패널을 만들고, 그다음 대시보드에 해당 패널을 저장했다. 그 후 각 패널에서 시각화를 수정했다. 이런 방법은 대시보드를 만드는 여러 방법 중 하나이다. 시각적으로 결과를 먼저 확인하고 난 후 대시보드에 추가하는 방법도 있다. 이번 실시간 대시보드를 생성하는 예에서 이 방법을 사용해볼 것이다.

1. 우선 Destinations 앱에서 다음 검색 명령문을 실행한 후 대시보드를 만들어보자.

   ```
   SPL> index=main http_uri=/booking/confirmation http_status_code=200
       | stats count
   ```

2. 시간 범위를 실시간Real-Time | 1시간1 hour window으로 선택하고 다시 검색을 실행한다.

3. 시각화 모드로 전환하기 위해 **시각화**Visualization 탭을 클릭하고 단일값Single Value 컴포넌트를 선택한다.

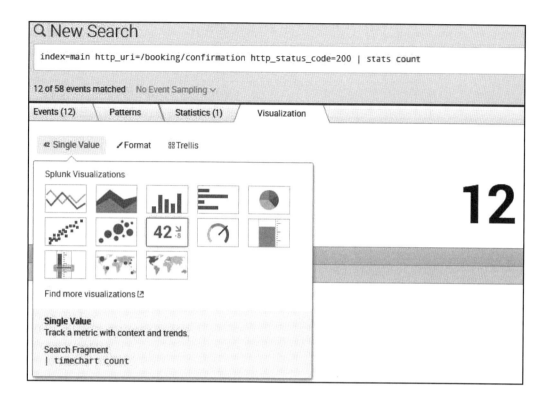

4. 형식Format 드롭다운을 클릭한다.

5. 캡션Caption 필드에 Last 60 Minutes(최근 60분)를 입력한다.

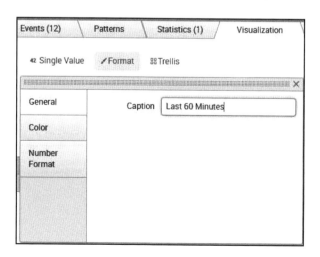

6. **색상**Color 탭에서 **색상 사용**Use Colors을 **예**Yes로 선택한다.

7. 시간 범위를 다음 화면처럼 설정한다.

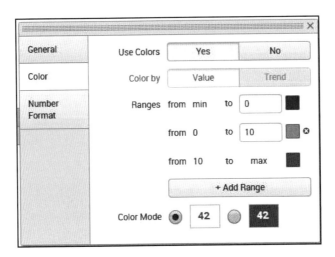

8. 변경사항은 자동으로 적용된다. 창 우측 상단 ✕를 클릭해서 **형식 시각화**Format Visualization 창을 종료한다.

9. **다른 이름으로 저장**Save As | **대시보드 패널**Dashboard panel을 클릭한다.

10. 새로 만들기New dashboard를 선택하고 다음 정보를 입력한다.

11. **저장**^{Save}을 클릭한다.

11. **저장**^Save을 클릭한다.

12. **대시보드 보기**^View Dashboard를 클릭한다.

방금 만든 패널은 **실시간 검색**으로 설정되었다. 할당된 실시간 검색 양을 초과하지 않으면서 현재 페이지에 위치하는 한 계속 값이 갱신될 것이다.

복제를 통해 패널 생성하기

이전에 사용한 시각적 효과를 다른 데이터셋에 적용하고 싶은 경우가 있을 것이다. 이를 위한 가장 빠른 방법은 이전에 만든 패널을 복제하는 것이다. 방금 생성한 패널을 복제해서 또 다른 단일값 패널을 만들어볼 것이다.

1. 방금 생성한 **실시간** 대시보드의 **편집**^Edit 버튼을 클릭해서 편집 모드로 전환한다.

2. **패널 추가**^{Add Panel}를 클릭한다. **패널 추가**^{Add Panel} 슬라이드가 나타날 것이다.

3. **대시보드에서 복제**^{Clone from Dashboard}를 확장한다.

4. Real Time Dashboard(실시간 대시보드)를 확장한다.

5. Bookings(접수)를 클릭한다. 다음 화면을 참고하라.

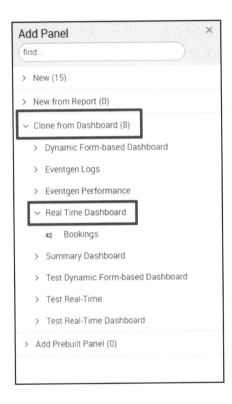

6. **미리보기**^{Perview} 화면에서 **대시보드에 추가**^{Add to Dashboard}를 클릭한다.

7. 두 번째 Bookings(접수) 패널의 레이블을 클릭하고 이름을 Reservations(예약)로 변경한다.

8. 그런 다음 **검색 편집**^{Edit Search} 아이콘을 클릭한다.

9. **검색 문자열**^{Search String}을 다음과 같이 변경한다.

```
SPL> index=main http_uri=/booking/reservation http_status_code=200
     | stats count
```

10. **적용**^{Apply}을 클릭한다.

11. 두 번째 패널을 첫 번째 패널 우측으로 드래그해 같은 줄에 위치하도록 한다.

12. **저장**^{Save}을 클릭해서 변경 내용을 저장한다.

패널을 생성하는 여러 단계를 축소해 간단하게 패널을 복제해봤다.

추세선이 있는 단일값 패널

이제 추세선^{trends} 그래프가 있는 단일값 패널 두 개를 추가로 만들어볼 것이다. 가장 최근 값을 강조하면서 압축된 선형 차트로 데이터의 현황을 파악해야 할 때 매우 유용하게 사용된다.

1. **편집**^{Edit} 버튼을 클릭해서 대시보드 편집 모드로 전환한다.

2. Bookings(접수) 패널을 복제한다. 이전 절에서 했던 방법을 따른다.

3. 복제본을 대시보드에 추가한다.

4. 새로운 패널의 이름을 Errors(오류)로 변경한다.

5. **검색 문자열**^{Search String}을 다음으로 변경한다.

```
SPL> index=main http_status_code=5* | timechart count
```

6. 두 번째 시간 범위^{Time Range} 드롭다운을 클릭하고 실시간^{Real-time} 옵션을 선택한다.

7. **시작**^{Earliest}값을 **24시간 전**^{24 Hours Ago}으로 변경한다.

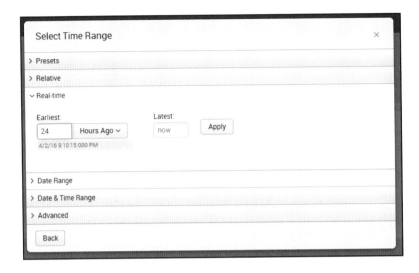

8. **적용**Apply을 클릭하고, 다시 **적용**Apply을 클릭해 검색 편집Edit Search 창을 닫는다.

9. **형식 시각화**Format Visualization 아이콘을 클릭한다.

10. **다음에 비교**Compared to 드롭다운에서 **1시간 전**1 hour before을 선택한다.

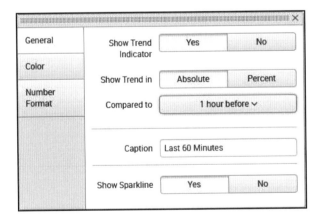

11. Sparkline 표시Show Sparkline가 **예**Yes로 설정되었는지 확인한다.

12. ✕ 를 클릭해서 **형식 시각화**Format Visualization 창을 닫는다.

13. 패널을 첫 번째 줄 우측으로 드래그한다.

14. **저장**Save 버튼을 클릭한다.

이 절차를 반복해 또 다른 패널을 만들어보자. 다음 정보로 새 패널을 만든 후 화면을 참고해서 지금까지 생성한 단일값 패널들 옆에 위치시킨다.

- **제목**^{Title}: Response Time(응답 시간)
- **검색 문자열**^{Search String}: `index=main | timechart avg(http_response_time) as response_time span=1h`
- **시간 범위**^{Time Range}: 실시간^{Real-time} | 24시간 전^{24 Hours Ago}
- **단위**^{Unit}: ms
- **단위 위치**^{Unit Position}: 이후^{After}
- **캡션**^{Caption}: compared to an hour ago(1시간 전과 비교)
- **동향 표시 위치**^{Show Trend in}: 백분율^{Percent}

새로운 단일값 패널들을 만들고 정보를 채웠다. 먼저 최근 1시간 값을 파악한 다음, 상향 또는 하향 추세를 살펴보고 24시간의 스파크라인(또는 추세선)을 확인할 수 있을 것이다.

첫 번째 행이 다음 화면과 비슷하다면 성공이다.

선이 오버레이된 실시간 컬럼 차트

이제 실시간 대시보드의 두 번째 행을 구현할 차례이다. 다시 한 번 패널 복제 기능을 활용할 것이다.

1. **편집**^{Edit} 버튼을 통해 편집 모드로 전환한다.
2. **패널 추가**^{Add Panel}를 클릭한다.
3. Dynamic Form-based Dashboard(동적 폼 기반 대시보드)에서 Hits vs Response Time(조회 대 응답 시간) 패널을 복제한다.

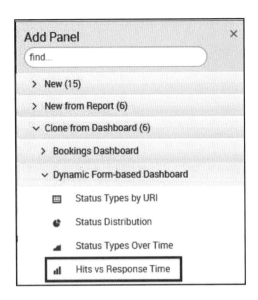

4. **대시보드에 추가**^{Add to Dashboard}를 클릭한다.

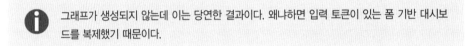

그래프가 생성되지 않는데 이는 당연한 결과이다. 왜냐하면 입력 토큰이 있는 폼 기반 대시보드를 복제했기 때문이다.

5. 패널 이름을 Traffic and Performance(트래픽과 성능)로 변경한다.

6. 입력 토큰 참조 부분이 제거되도록 검색 문자열을 다음으로 변경한다.

```
SPL> index=main | timechart count, avg(http_response_time) as
response_time
```

7. **시간 범위**^{Time Range}에서 **시간 선택기 사용**^{Used time picker}을 선택한다.

8. 시간 범위 선택에서 **실시간**^{Real-time}을 선택하고 값을 **24시간 전**^{24 Hours Ago}으로 변경한다.

9. **적용**^{Apply}을 두 번 클릭하고 변경사항을 저장한 다음 대시보드 편집 모드로 돌아

간다.

10. 이제 차트에 데이터가 나타날 것이다.

11. **저장**^{Save}을 클릭한다.

지금부터는 이전과 비슷한 패널을 만들어볼 것이다. 이전 패널을 복제하는 방법을 사용할
것이기 때문에 간단한 작업이 될 것이다.

1. 브라우저를 다시 로드한다. 새롭게 만든 패널을 로드하기 위해서는 반드시 이렇
   게 해야 한다.

2. **편집**^{Edit} 버튼을 통해 편집 모드로 전환한다.

3. Traffic and Performance(트래픽과 성능) 패널을 선택해서 복제한 후 대시보드
   에 추가한다.

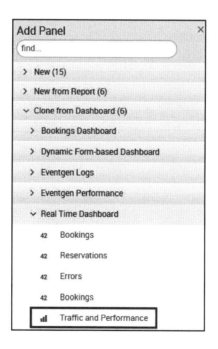

4. 새로운 패널 이름을 Booking Conversion(접수 변경)으로 변경한다.

5. **검색 문자열**^{Search String}을 다음과 같이 변경한다.

```
SPL> index=main http_uri=/booking/reservation OR
     http_uri=/booking/confirmation
     | timechart count by http_uri | rename
     /booking/confirmation AS
     Confirmation, /booking/reservation AS Reservation
     | eval Conversion=Reservation/Confirmation
     | fields _time, Reservation, Confirmation, Conversion
```

6. 시간 범위^{Time Range}를 실시간^{Real-time} | 24시간 전^{24 Hours Ago}으로 변경한다.

7. 적용^{Apply}을 클릭한다.

8. 형식 시각화^{Format Visualization} 아이콘을 클릭한다.

9. 스택 모드^{Stack Mode}에서 두 번째 옵션인 스택형^{Stacked}을 선택한다.

10. 차트 오버레이^{Chart Overlay}를 클릭한다.

11. 오버레이에서 response_time을 삭제한다.

12. 오버레이에 Conversion을 추가한다.

13. 축으로 보기^{View as Axis}를 켜기^{On}로 선택한다.

14. ⊠를 클릭해 형식 시각화^{Format Visualization} 창을 닫는다.

15. 이 패널을 두 번째 행 우측으로 드래그한다.

두 개의 실시간 차트를 완성했다. 다음 화면과 비슷할 것이다.

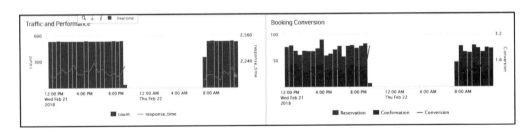

Real-time combo charts with line overlays

▮ 단계구분도 만들기

지역^{area}/지방^{region}과 다수^{multitude}를 의미하는 두 개의 고대 그리스 단어에서 유래된 단계구분도^{choropleth map}는 2차원 지도로서, 지역별 판매율 또는 범죄율 같은 통계 지표의 정도를 색상의 음영 혹은 패턴으로 각 지역에 표시한다.

이 책에서는 단계구분도가 생성되는 수학적 원리를 자세히 설명하지는 않을 것이다. 다행히 원리를 몰라도 스플렁크에서 제공하는 이 효과적인 시각화 도구를 사용하는 데 지장이 없기 때문이다. 지금부터는 지역별 예약 현황과 지역별 교통 상황을 나타내는 두 개의 단계 구분도를 만들어볼 것이다.

복제할 패널이 없기 때문에 처음부터 만들어야 한다.

1. **편집**^{Edit} 버튼을 통해 편집 모드로 전환한다.
2. **패널 추가**^{Add Panel}를 클릭한다.
3. **새로 만들기**^{New} | Choropleth Map을 선택한다.
4. **시간 범위**^{Time Range}를 **실시간**^{real-time} 아래 **1시간**^{1 hour window}으로 변경한다.
5. **콘텐츠 제목**^{Content Title}에 Traffic Choropleth(트래픽 단계구분도)를 입력한다.
6. **검색 문자열**의 geomap 명령어는 스플렁크에서 기본으로 지원하는 두 개의 지리^{geographic} 관련 룩업 중 하나다. 여기서 사용되는 룩업은 미국의 지리 정보이다. 다른 하나는 전 세계의 지리 정보 룩업이다. 이 geomap 명령어는 여러 주^{states}에 대한 수치를 맵으로 제공한다. 명암은 수치의 상대적 크기를 기반으로 결정된다.

```
SPL> index=main | iplocation client_ip | stats count by Region
     | rename Region as featureId | geom geo_us_states
```

7. **대시보드에 추가**^{Add to Dashboard}를 클릭한다.
8. 지금 만든 패널에서 **형식 시각화**^{Format Visualization} 아이콘을 클릭한다.
9. 이제 미국을 지도 중심에 위치시키고 확대/축소 정도를 설정할 차례이다.
10. **위도**^{Latitude}를 39로 변경한다.

11. **경도**Longitude를 −98로 변경한다.

12. **확대/축소**Zoom를 4로 변경한다.

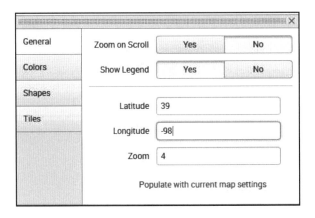

13. **색상**Colors 탭을 클릭한다.

14. **Bin 수**Number of Bins를 9로 **변경한다.** 이렇게 하면 명암 단계가 추가돼 색상 범위가
    늘어나게 된다.

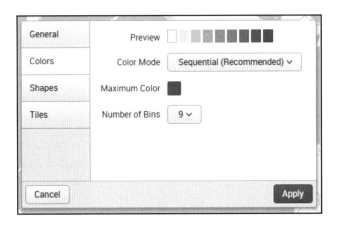

15. ✖를 클릭해서 창을 닫는다.

16. **저장**Save을 클릭한다.

이제 브라우저를 다시 로드해서 새로 만든 패널이 패널 복제 선택 항목에 추가될 수 있도록 한다.

Traffic Choropleth(트래픽 단계구분도) 패널을 복제하고 다음 두 가지를 변경한다.

- 제목^{Title}: Bookings Choropleth(접수 단계구분도)
- 검색 문자열^{Search String}: index=main http_uri=/booking/confirmation http_status_code=200 | iplocation client_ip | stats count by Region | rename Region as featureId | geom geo_us_states

이제 대시보드를 좀 더 보기 좋게 만들기 위해 두 번째 패널을 이전 패널의 우측으로 드래그한다.

드디어 실시간 다중 패널 대시보드를 완성했다. 이를 실제 운영 데이터에 적용하면 유용한 시각적 화면을 통해 여러 측면에서 효과를 볼 수 있을 것이다. 드디어 노력이 결실을 맺는 순간이다.

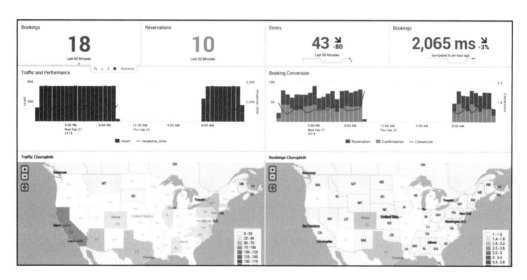

Dashboard with advanced indicators, combo charts with line overlays, and choropleth charts

▮ 요약

5장에서는 대시보드를 만드는 방법을 자세히 살펴보았다. 다양한 종류의 대시보드와 이들을 생성하는 방법을 배웠다. 토큰이 검색 패널에 반영되도록 함으로써, 변경된 입력값이 대시보드 데이터를 갱신하는, 완전한 기능을 갖춘 폼 기반 대시보드를 만들어봤다. 이런 과정을 통해 고급 시각화 옵션들을 사용하고 수정하였다. 마지막에는 추세를 함께 보여주는 단일값 시각화 컴포넌트와 단계구분도 같은 고급 시각화 패널을 사용해 실시간 대시보드를 만드는 방법을 배웠다.

06

데이터 모델과 피벗

규모가 큰 조직에서는 분석을 위해서 모든 사용자가 스플렁크로 검색을 하고 싶어하는 것도 아니고 또 반드시 그래야만 하는 것도 아니다. 물론 대다수의 사용자들이 원할 때마다 자신만의 보고서와 분석 결과를 얻고 싶어하는 것은 맞지만, 그렇다고 코드를 사용해야 원하는 결과를 얻을 수 있는 툴에는 거부감을 가질 수 있다.

스플렁크 데이터 모델과 피벗 툴^{Pivot tool}은 이런 요건을 충족시키기 위해 함께 사용된다. 데이터 모델과 피벗 기능을 통해 다수의 일반 사용자들은 **검색 처리 언어**^{Search Processing Language, SPL}를 몰라도 풍세 네이터와 차트를 생성할 수 있는 것이다.

데이터 모델은 검색 결과를 기반으로 한 데이터의 계층적 매핑이다. 피벗 툴을 사용하면 데이터 모델의 기본 검색 쿼리 결과를 스프레드시트의 행과 열 형태로 시각화할 수 있다.

피벗 툴은 데이터의 필드를 행과 열로 보여주는 데 사용된다. 사용자는 피벗 툴로 크로스

탭 보고서$^{crosstab\ report}$나 시각화 컴포넌트를 활용한 화면을 만들 수 있다. 또한 코딩 작업 없이 마우스 클릭만으로 원할 때마다 필터링을 적용할 수 있으며 선택 항목을 설정할 수도 있다.

6장에서 배울 내용은 다음과 같다.

- 데이터 모델 만들기
- 데이터 모델에 가속화 적용하기
- 피벗으로 출력 결과 만들기
- 영역 차트, 원형 차트 및 시계열 스파크라인 옵션이 있는 단일값을 사용해 데이터를 시각화하기

▌ 데이터 모델 만들기

현재 사용 중인 Eventgen 데이터의 모델을 만들기 위해서 다음 단계를 따른다.

1. Destinations 앱에서 **설정**^{Settings} 메뉴를 클릭한다. **지식**^{Knowledge} 섹션 아래 **데이터 모델**$^{Data\ Models}$을 선택한다. 첫 번째 데이터 모델을 만들 때까지 아무것도 보이지 않을 것이다.
2. 화면 우측 상단에 **새 데이터 모델**$^{New\ Data\ Model}$을 클릭한다.
3. 다음 화면을 참고해 **제목**^{Title}과 ID를 부여하고, Destinations 앱 안에 생성되도록 설정했는지 확인한다.

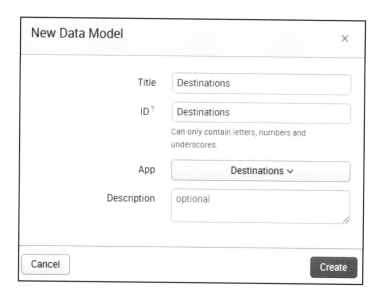

4. **만들기**^Create를 클릭한다. 이제 Destinations 편집 페이지로 넘어왔다.

5. **데이터 집합 추가**^(Add Dataset) 드롭다운을 클릭하고 **루트 이벤트**^(Root Event)를 선택한다. 데이터 모델 계층구조의 개념이 이제 등장한다. **루트 이벤트**^(Root Event) 혹은 **루트 검색**^(Root Search)이란 전체 데이터 모델 트리에 데이터를 채우게 될 기본 검색을 의미한다.

6. 다음 화면에 보이는 필드들로 빈칸을 채운다. 현재 Eventgen 데이터의 모델을 생성 중이므로 index=main을 주요 제약조건^constraint으로 사용한다.

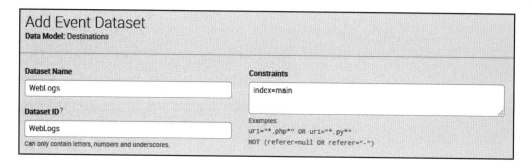

7. 미리보기^{Preview} 버튼을 클릭하고, 의도한 대로 index=main 검색 결과가 반환되는지 확인한다.

8. **저장**^{Save}을 클릭한다.

루트 이벤트를 저장한 후에는 속성들이 기본으로 생성될 것이다. 데이터 모델은 계층구조이기 때문에 모든 자식 객체들은 루트 이벤트의 이런 초기 속성들을 상속받는다. 검색 제약 조건에 관계없는 모든 데이터에 대한 일반적인 속성이나 필드는 루트 객체에 생성돼야 한다.

객체에 속성 추가하기

객체에 속성을 추가하는 방법에는 여러 가지가 있다. 이 책에서는 필드와 정규 표현식^{regular expression}을 기반으로 추출된 속성을 활용할 것이다. 다음 단계와 같이 실행한다.

1. **필드 추가**^{Add Field} 드롭다운을 클릭하고 **자동 추출됨**^{Auto-Extracted}을 선택한다.

2. 자동 추출된 필드 목록에서 스크롤을 내리고 2장 데이터 가져오기에서 직접 추출한 필드들을 선택한다. 다음 화면과 목록에 나와 있는 필드들이다.

- http_method
- http_response_time
- http_status_code
- http_uri
- http_user_agent

180

3. 유심히 보면 스플렁크가 데이터 타입에 따라 속성들을 자동으로 분류했음을 확인할 수 있을 것이다(http_method는 **문자열**String, http_status_code는 **숫자**Number로 분류되었다). 추가하고자 하는 속성이 있다면 동일한 단계를 따른다.

이제 새로 추가한 속성이 **추출됨**Extracted 섹션에 표시되고, 모든 자식 객체는 이 속성들을 상속받게 된다. 스플렁크에서 자식 객체는 부모 객체의 제약조건constraints과 속성attributes을 상속받는다.

 페즈의 조언: 5장에서 완료된 작업, 즉 데이터 소스로부터 추출된 필드가 재사용되는 것을 방금 확인했다. 스플렁크가 확장됨에 따라 로직과 필드를 표준화하고 통합하려는 지속적인 노력은 데이터 품질을 향상시키고 일반 사용자와 비즈니스 사용자가 스플렁크를 유용하게 사용할 수 있도록 만드는 지름길이다.

자식 객체 만들기

자식 객체를 만들기 위해서는 다음 단계를 따른다.

1. WebLogs 이벤트를 선택하고 **데이터 집합 추가**Add Dataset 드롭다운을 클릭한 다음 **하위**Child를 선택한다.

2. 빈칸에 다음 정보를 입력한다.

   - **데이터 집합 이름**Dataset Name: Authenticated
   - **추가 제약조건**Additional Constraints: http_uri="/auth"

3. **미리보기**Preview를 클릭해서 확인한다.

4. **저장**Save을 클릭한다.

5. (화면 좌측 상단 WebLogs 아래) Authenticated 자식 객체를 클릭하고 상속한 루트 객체의 모든 속성이 있는지 확인한다.

다음을 참고해서 루트 객체인 WebLogs의 자식 객체들을 생성한다.

Object name	Additional constraints
Booking Confirmation	http_uri="/booking/confirmation"
Booking Payment	http_uri="/booking/payment"
Destination Details	http_uri="/destination/*/details"
Destinations Search	http_uri="/destinations/search"

이제 다음 화면처럼 웹 로그에 기록된 페이지들을 기준으로 한 다섯 개의 자식 객체를 확인할 수 있다.

 페즈의 조언: 루트 이벤트든 혹은 자식 객체든 사용자가 올바르게 사용할 수 있도록 하려면 데이터 분석을 위한 사용자의 요구사항을 파악하는 것이 중요하다.

정규 표현식을 기반으로 속성 생성하기

이제 정규 표현식을 기반으로 속성을 생성해볼 것이다. 정규 표현식은 검색 패턴을 서술하는 특수 문자열이다. 우선 다음 Destination Details URI에 포함된 공항 코드를 추출해보자.

```
http_uri="/destination/MIA/details"
```

이를 위해서는 Destination Details 자식 객체에서 속성을 생성해야 한다. 다음 단계를 따른다.

1. Destination Details를 선택하고 **필드 추가**Add Field 드롭다운을 클릭한 후 **정규식**Regular Expression을 선택한다.

2. **정규식** 필드에 다음 문자열을 입력한다.

```
/destination/(?<AirportCode>.+?)/details
```

3. 텍스트 박스 밖 빈 공간을 클릭해서 다음 화면처럼 필드에 값이 채워지도록 한다.

4. 표시 이름Display Name을 Airport Code로 변경한다.

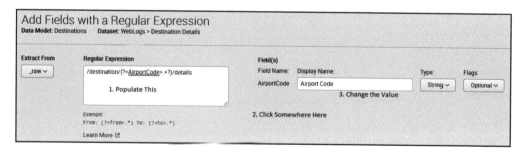

Regular Expression

5. **미리 보기**Preview를 클릭하고 이벤트에서 공항 코드가 강조 표시되었는지 확인한다. Airport Code 탭을 클릭해서 요약된 결과를 확인할 수도 있다.

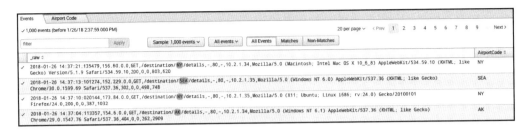

6. **불일치**Non-Matches 버튼을 클릭하고 검출된 이벤트가 없음을 확인한다.

7. **저장**Save을 클릭한다.

이제 첫 번째 데이터 모델을 완성했다. 이 모델을 피벗에서 사용할 수 있도록 만들 차례이다. 다음 단계를 따른다.

1. 데이터 모델의 권한을 변경해 모든 스플렁크 사용자들이 Destinations 앱 컨텍스트 내에서 모델을 사용할 수 있도록 한다. **편집**Edit 드롭다운에서 **권한 편집**Edit Permissions을 선택한다.

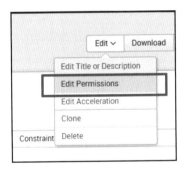

2. 데이터 모델의 권한을 변경해 Destinations 앱에서 모델을 사용 가능하도록 만든다. **표시**Display For 버튼에서 **앱**App을 클릭한다.

3. **모든 사용자**Everyone에게 **읽기**Read 권한을, admin에게 **쓰기**Write 권한을 부여한다.

4. **저장**Save을 클릭한다. 다음 절에서 데이터 모델 가속화의 개념과 이를 적용하는 방법에 대해 소개할 것이다.

▍데이터 모델 가속화

데이터 모델 가속 기능을 활성화하면 스플렁크는 주어진 시간 범위 동안 데이터 모델에 의해 정의된 데이터를 내부적으로 미리 요약한다. 그러면 그 시간 범위 내에서 검색이 실행될 때 해당 데이터 모델에 대한 검색 속도가 크게 향상된다. 데이터 모델 가속화를 사용할 때 기억해야 할 몇 가지 사항은 다음과 같다.

1. 데이터 모델 가속 기능을 활성화하면 더 이상 데이터 모델 객체를 편집할 수 없다. 가속 기능을 적용하기 전에 모델과 관련 자식 객체, 속성이 정확한지 확인해야 한다. 데이터 모델이 크면 가속 과정이 종료될 때까지 시간이 걸릴 수 있으므로 이를 고려해서 계획해야 한다. 가속 기능을 비활성화하면 데이터 모델을 다시 편집할 수 있다.

2. 요약 범위^{summary range}는 신중하게 선택해야 한다. 요약 범위란 데이터에 가속화를 적용할 때 사용되는 연산의 시간 범위이다. 1일, 7일, 1개월, 3개월, 1년 등으로 선택 가능하다. 검색 가속화는 시간 범위를 기반으로 한다. 선택한 시간 범위 내에 있는 데이터만 가속된다. 5일치 데이터를 가속해야 한다면 7일을 선택하는 것이 안전하다. 만약 10일에 대한 보고서를 실행하면, 선택한 가속 범위를 벗어난 검색은 정상 속도로 실행된다. 이것이 꼭 나쁜 것만은 아니다.

3. 가속 기능은 디스크 공간을 차지한다. 가속 기능을 설정하기 전에 사이징 테스트가 필요하다.

지금부터는 요약 범위를 7일로 해 데이터 모델 가속화를 활성화해볼 것이다.

1. 다시 **편집**^{Edit} 드롭다운으로 돌아가서 **가속 편집**^{Edit Acceleration}을 선택한다.

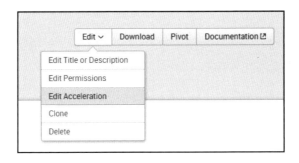

2. **가속 편집**^{Edit Acceleration} 창에서 **가속**^{Accelerate} 박스에 체크하고 **요약 범위**^{Summary Range}를 **7일**^{7 Days}로 설정한다. 다음 화면에서 이 옵션을 확인할 수 있다.

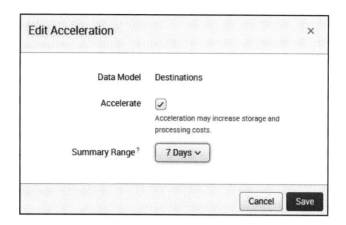

3. **저장**Save을 클릭하면 가속이 시작된다. 가속이 비활성화되지 않는 한 데이터 모델을 편집할 수 없다는 경고 메시지가 표시될 것이다.

> ⚠ This Data Model cannot be edited because it is accelerated. Disable acceleration in order to edit the Data Model.

4. 가속화 적용 상태를 확인해보자. 화면 좌측 상단 **모든 데이터 모델**All Data Models을 클릭해 **데이터 모델**Data Models 페이지로 돌아간다.

5. Destinations 옆 > 표시를 클릭해서 Destinations 데이터 모델을 확장한다. 다음 화면과 유사한 정보를 확인할 수 있을 것이다.

6. **가속**Acceleration 섹션에서 상태status, 액세스 개수access count, 디스크 상의 크기size on

disk, 요약 범위summary range, 버킷buckets, 업데이트됨last time과 같은 데이터 모델 가속 상태에 대한 많은 정보를 확인할 수 있다. 아마 가속이 완료될 때까지 몇 분 정도 걸릴 것이다. 다음 화면처럼 상태가 100.00% 완료로 될 때까지 페이지를 계속 새로 고침한다.

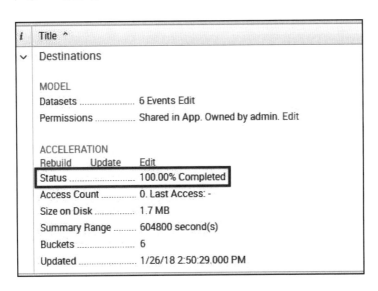

이제 데이터 모델이 완전히 만들어졌으며 가속이 완료되었다. 드디어 피벗을 사용할 차례이다.

피벗 편집기

지금부터는 다음 방법을 따라 피벗을 만들어볼 것이다.

1. 데이터 모델 목록에서 **작업**Action 아래 메뉴에서 **피벗**Pivot을 클릭한다.
2. 먼저 Weblogs 객체를 클릭해보자. 다음 화면처럼 **전체 시간**All Time에 대한 모든 WebLogs 데이터 건수가 표시되는 페이지를 보게 될 것이다.

188

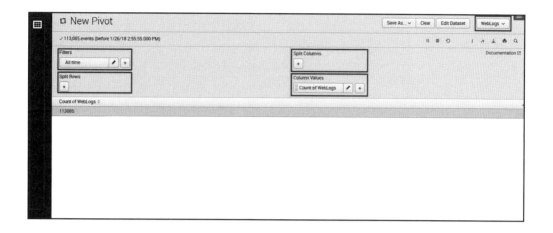

이전 화면에 여러 섹션을 강조해 표시했다. 화면 왼쪽에 있는 탐색바 아이콘들은 서로 다른 시각화 컴포넌트를 나타낸다. 가장 위쪽에 있는 기본 시각화 컴포넌트는 통계 테이블이다. 보통 통계 테이블을 만들고 데이터의 유효성을 검증한 다음 다른 시각화 컴포넌트로 변경하는 것이 일반적이다.

피벗의 시간 범위 필터는 검색 창에서와 검색 창과 동일하게 작동한다. 성능을 향상시키려면 이 시간 범위를 가속 요약 범위(이 경우 7일) 내로 변경해야 한다. **필터**^{Filters}를 사용하면 6장 앞부분에서 정의한 데이터 모델 속성들을 기반으로 데이터셋의 범위를 좁힐 수 있다.

행 분할$^{Split Rows}$과 **컬럼 분할**$^{Split Columns}$을 사용하면 **시간**^{Time} 또는 **필드**^{Field}를 기준으로 데이터의 방향을 변경할 수 있다. 다음 화면은 **컬럼 분할** 드롭다운 메뉴에 표시되는 필드들이다.

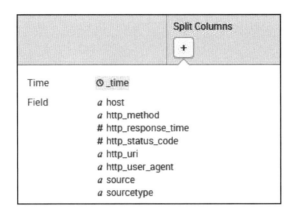

반면 **컬럼값**Column Values을 사용하면 다음 화면처럼 시간Time을 기준으로 **이벤트**Event 또는 필드Field를 선택할 수 있다.

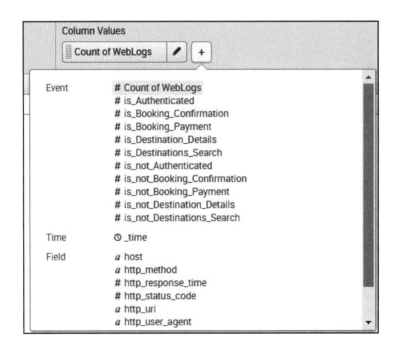

페이지 우측 상단 모서리에는 피벗 대상이 표시된다. 보통은 피벗 편집기로 처음 넘어갈 때 클릭한 객체이다. 다음 화면처럼 이 드롭다운에서 다른 데이터 모델 및 다른 객체로 전환할 수 있다. 가속 상태를 빠르게 확인하는 것도 가능하다.

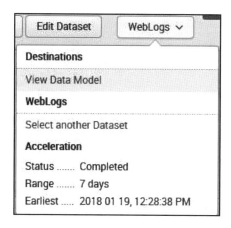

피벗 편집기는 항상 데이터 모델에서 선택된 객체의 **개수**^{Count}를 기본값으로 사용한다. 이 때문에 결과 섹션에 WebLogs의 수^{Count of WebLogs}가 표시되는 것이다.

피벗과 차트 만들기

웹 트래픽을 시각적으로 보여주는 차트를 만들어보자. Eventgen으로 생성된 WebLogs는 다양한 상태 코드를 갖는 가상의 웹 애플리케이션 데이터이다. 웹 로그 한 건은 (브라우저 혹은 모바일 기기로부터의) 웹 클라이언트 요청 한 건에 해당한다. 실제로 전체 요청과 상태 코드의 합은 웹 애플리케이션의 전체 트래픽 건수와 일치한다.

이에 대한 차트를 만들기 위해 다음을 따른다.

1. 먼저 시간 범위를 **최근 7일**^{Last 7 days}로 변경한다.
2. **행 분할**^{Split Rows}을 _time으로 선택하고, 다음 화면처럼 **기간**^{Periods}은 기본 설정값으

로 둔다. 이것은 SPL에서 span을 지정하지 않고 timechart를 사용한 것과 동일하다. 정렬[Sort] 역시 기본 설정값으로 둔다.

3. **테이블에 추가**[Add To Table]를 클릭한다. 이 결과 7개의 열이 생성되고, 각 열에는 WebLogs의 합계 건수가 표시된다.

4. **컬럼 분할**[Split Columns]에서 http_status_code를 선택해 행[columns]을 분할한다. **컬럼 분할** 함수에서는 데이터셋을 조작할 수 있는 다양한 옵션들을 제공하는데, 일단 지금은 그대로 놔두고 **테이블에 추가**[Add To Table]를 선택한다. 최종적으로 필터들은 다음 화면처럼 선택되었을 것이다.

처음 통계 테이블이 변경되었다. 다음 화면처럼 일별 건수가 `http_status_code` 속성을 기준으로 분할되었다. 데이터 모델에 가속화가 적용되었고 요약 범위에 맞게 시간 필터를 선택했기 때문에, 결과가 거의 즉각적으로 나타날 것이다.

_time ◇	200 ◇ ✎	301 ◇ ✎	302 ◇ ✎	404 ◇ ✎	500 ◇ ✎
2018-01-19	868	808	842	856	852
2018-01-20	666	703	663	654	689
2018-01-21	0	0	0	0	0
2018-01-22	0	0	0	0	0
2018-01-23	1093	1129	1090	1114	1127
2018-01-24	1602	1623	1601	1631	1631
2018-01-25	1953	1974	1983	2024	2062
2018-01-26	259	264	263	241	266

영역 차트 만들기

이제 완성된 통계 피벗으로 데이터를 시각화해보자.

1. 좌측 메뉴바에서 다음 화면과 같은 **영역 차트**^{Area Chart} 시각화 컴포넌트를 선택한다.

다음 화면처럼 영역 차트와 나란히 여러 가지 선택 옵션들을 볼 수 있는데, 이를 사용해서 영역 차트의 동작 방식을 변경할 수 있다. 스플렁크를 가동한 시간에 따라 다음 화면과 유사한 누적 영역 차트가 나타날 것이다.

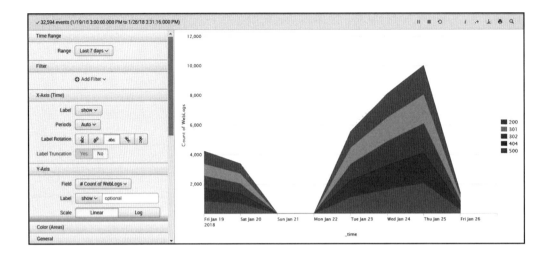

2. 몇 단계 작업을 거치면 차트를 개선할 수 있다. **X축(시간)**^{X-Axis(Time)} 섹션에서 레이블^{Label}을 **숨기기**^{hide}로 선택한다. 이렇게 하면 x축의 _time 레이블이 제거된다.

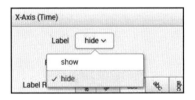

3. 차트 설정 영역에서 **색상(영역형)**^{Color(Areas)} 섹션까지 스크롤을 아래로 내리고 다음 화면처럼 **범례 위치**^{Legend Position}를 아래^{bottom}로 선택한다.

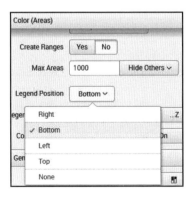

4. 이제 영역 차트를 대시보드 패널로 저장할 준비가 되었다. **다른 이름으로 저장**^{Save} ^{As} 버튼을 클릭하고 **대시보드 패널**^{Dashboard Panel}을 선택한다.

5. Summary Dashboard(요약 대시보드)라는 대시보드를 새로 만든다.

6. 권한을 **앱에서 공유됨**^{Shared in App}으로 변경한다.

7. 마지막으로 **패널 제목**^{Panel Title}을 Web Traffic per Day Last 7 Days(지난 7일간 일별 웹 트래픽)로 한다.

8. 저장을 클릭해 종료하고 **대시보드 보기**^{View Dashboard}를 클릭한다. 다음 화면을 참고 하라.

앞서 생성한 데이터 모델을 기반으로 만든 단일 패널 대시보드가 완성되었다. 다음 화면 과 비슷한 결과가 나타날 것이다.

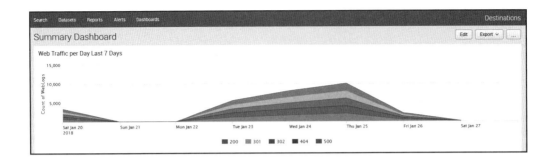

이제 이 대시보드에 피벗으로 만든 분석 결과를 추가해볼 것이다.

원형 차트 만들기

이제부터는 Airport Code에 따른 Destinations 상세 로그 건수를 보여주는 원형 차트를 만들어볼 것이다. 6장 앞부분에 정규 표현식을 사용해서 Airport Code라는 필드를 추출해봤는데, 그렇게 해서 데이터모델 속성을 생성했음을 기억할 것이다.

원형 차트 만들기:

1. 피벗 편집기로 돌아가서 Destination Details를 선택한다. 피벗 편집기로 이동하는
   방법은 두 가지이다. **설정**^{Settings} | **데이터 모델**^{Data Models} | Destinations를 선택하거
   나, 애플리케이션 탐색바에서 **데이터셋**^{Datasets}을 클릭하는 좀 더 쉬운 방법이 있다.
   데이터셋 목록에서 Destination Details 우측의 **탐색**^{Explore} 드롭다운을 클릭하고 피벗
   으로 시각화^{Visualize with Pivot}를 선택한다.

196

애플리케이션 탐색바를 통해 처음 **데이터셋**(Datasets) 화면으로 넘어가면 스플렁크 데이터셋 애드온을 포함한 Splunk Enterprise의 새로운 기능과 관련된 메시지가 표시될 것이다. 이 메시지가 나타내듯이, 데이터셋 애드온은 관계형 데이터베이스 관리 시스템과 비슷하게 테이블이라는 시각적인 개념을 사용해 검색 결과를 보여준다. 그런데 이 애드온이 기본 기능은 아니다. 관심 있는 독자는 1장 스플렁크 시작하기에서 만든 스플렁크 계정을 사용해 애드온을 다운로드하고 설치하면 된다.

다음 예를 위해 데이터셋 애드온이 필요한 것은 아니므로, Splunk Enterprise 메시지 창을 닫는다.

2. 시간 범위를 **최근 24시간**^{Last 24 hours}으로 변경한다.

3. **행 분할**^{Split Rows} 메뉴에서 **Airport Code**를 선택하고 **테이블에 추가**^{Add to table}를 클릭한다. 현재 피벗 편집기는 다음 화면과 비슷할 것이다.

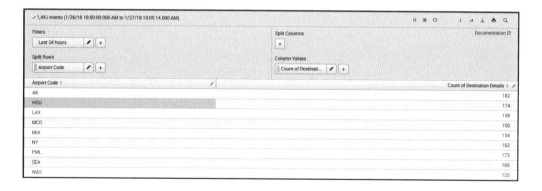

4. 원형 차트를 만들기에 충분한 데이터이다. 좌측 탐색바에서 **원형 차트**^{Pie Chart} 아이콘을 클릭한다.

추가 변경 없이 원형 차트가 나타날 것이다. 스플렁크는 최근 24시간 내 서로 다른 공항 코드로 세분화된 차트를 보여줄 것이다.

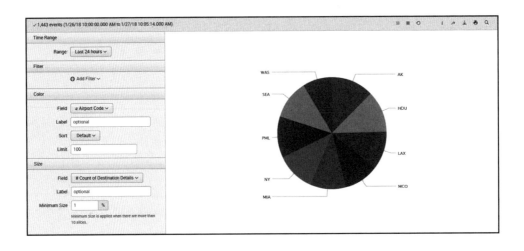

5. 다른 이름으로 저장Save As, 대시보드 패널Dashboard panel을 선택해서 이 결과를 Summary Dashboard(요약 대시보드)에 추가한다.

6. 기존Existing 버튼을 클릭하고 Summary Dashboard(요약 대시보드)를 선택한다.

7. 패널 제목은 Destinations Last 24 Hrs(지난 24시간 도착지)로 한다.

8. 저장Save을 클릭하고 대시보드로 이동해 최종 결과를 확인한다.

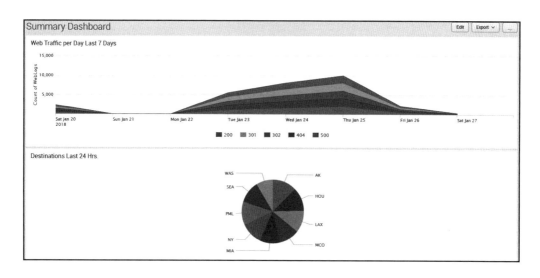

추세선 스파크라인이 있는 단일값

이제부터는 스플렁크에서 제공하는 간단하면서도 강력한 시각화 컴포넌트 중 하나인 추세선 스파크라인이 있는 단일값을 사용해볼 것이다.

1. 데이터집합Dataset 목록으로 돌아가서 Booking Confirmation(접수 확인)의 피벗을 연다.

2. 시간 범위를 **최근 24시간**Last 24 hours으로 변경한다. 이렇게 하면 끝이다.

3. 다음 화면과 같은 **단일값**Single Value 시각화 컴포넌트를 클릭한다.

4. 초기 기본 설정으로는 값이 하나만 보여지지만 스파크라인으로 정보를 추가할 수 있다. Sparkline 섹션에서 Sparkline **추가**Add Sparkline를 클릭하고 _time을 선택한다. 다음 화면처럼 **기간**Periods을 **시간**Hours으로 변경한다.

5. 스플렁크에서는 SPL 없이 매우 적은 작업만으로 훌륭한 시각적 화면을 만들 수 있다. 화면은 정각 이후 Booking Confirmations(접수 확인) 건수를 표시하고 이를 한 시간 전과 비교해 보여준다. 또한 동향trend을 나타내는 상향 혹은 하향 화살표가 표시되며 단일값 하단에 스파크라인도 추가된다.

6. 색상을 입혀서 단일값에 또 다른 정보를 추가해보자. **색상**^{Color} 섹션의 **색상 사용**^{Use Colors}에서 **예**^{Yes}를 클릭한다. **색상 기준**^{Color by} 옵션은 **동향**^{Trend}을 선택한다. **색상 모드** ^{Color Mode} 옵션은 두 번째를 선택한다. 다음은 **색상** 섹션에서 선택된 옵션들이다.

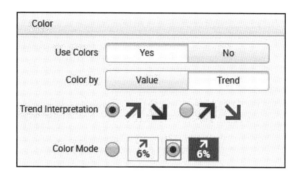

이렇게 옵션을 선택하면 다음 화면과 유사하게 화면이 변경된 것을 보게 될 것이다.

7. 마지막으로 이 패널을 Summary Dashboard(요약 대시보드)에 저장하고 Booking Confirmations(접수 확인)라는 제목을 붙인다.

대시보드 재배치하기

대시보드에서 패널들의 위치를 재배치하려면 다음 단계를 따른다.

1. Summary Dashboard(요약 대시보드)에서 **편집**Edit 버튼을 클릭한다. 이렇게 하면 패널이 위젯으로 전환돼 위젯 헤더를 드래그할 수 있다.

2. Summary Dashboard(요약 대시보드)의 최종 레이아웃을 다음처럼 변경한다. 정확한 위치에 패널을 배치하고 **저장**Save을 클릭한다.

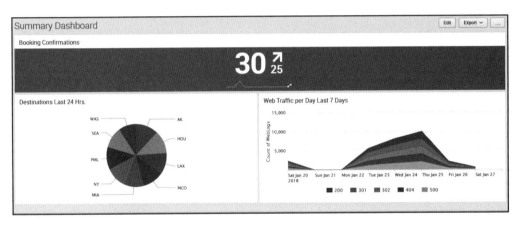

Summary Dashboard

요약

6장에서는 스플렁크 검색 명령문을 쓰지 않고 세 개의 패널이 배치된 대시보드를 만드는 방법을 설명했다. 데이터에 정통한 비즈니스 사용자에게 피벗이라는 강력한 툴은 Splunk를 매력적으로 보이도록 하는 요소가 될 수 있지만, 데이터에서 가치를 이끌어내기 위해 스플렁크 명령어를 학습해야 한다는 사실 때문에 초기에는 반감을 사기도 한다.

피벗 활용이 가능하도록 먼저 피벗 편집기에서 사용되는 데이터 모델을 만든 후 데이터를 분석하고 보고서와 대시보드를 만들어봤다. 계층 구조를 기반으로 데이터 모델 객체를 만드는 과정을 기억할 것이다. 데이터 모델은 기존 데이터 필드의 속성으로 구성되거나, 부모 객체에서 상속되거나, 정규 표현식을 사용해 추출된다는 사실도 설명했다.

마지막으로 매우 직관적인 피벗 편집기를 사용해서 세 가지 시각화 차트(영역 차트, 원형 차트, 추세 스파크라인이 있는 단일값)를 만들어봤다. 이들을 활용해서 세 개의 패널이 배치된 대시보드를 구성했다.

07

HTTP 이벤트 컬렉터

7장에서는 스플렁크 **HTTP 이벤트 컬렉터**(HTTP event collector, 이하 HEC)에 대해서 배워볼 것이다. HEC는 스플렁크가 HTTP 혹은 HTTPS 통신으로 전송된 데이터를 포착하도록 하는데, 이를 포수의 글러브에 비유하면 이해가 쉬울 것이다.

7장에서 배울 내용은 다음과 같다.

- HEC 개요
- 데이터가 HEC로 전달되는 방법
- HEC 토큰 생성하기
- 다양한 포맷으로 여러 이벤트를 HEC로 전송하기
- 인덱서 수신확인 기능을 활성화하고 사용하기

▌ HEC란?

스플렁크 HEC는 흔하게 사용되는 스플렁크의 기능 중 하나이다. HEC는 HTTP 및 HTTPS 이벤트를 수집해 다른 시스템으로 전달하는 중요한 역할을 한다. HEC가 매우 유용하게 사용되는 일반적인 예로 웹 및 모바일 기반 클라이언트 장치에서/장치로부터 이벤트를 수신/전송하는 것을 들 수 있다. 일단 스플렁크의 HEC을 통해 애플리케이션으로부터 데이터를 캡처^{capture}하면, 이를 해당 애플리케이션의 사용기록 및 오류와 관련된 다양한 분석을 위해 사용할 수 있는 것이다.

▌ HEC의 동작 방식

HTTP, HTTPS 이벤트는 event 키와 매핑되는 이벤트 데이터뿐만 아니라 time, host, source 같은 이벤트 메타 데이터를 포함하는 웹 애플리케이션에 의해 생성되고 전달된다.[1] HEC를 사용하면 앱 개발자는 애플리케이션에 최소한의 코드만 추가함으로써 데이터를 스플렁크로 전송할 수 있다. 이를 통해 개발자는 애플리케이션 이벤트 데이터가 스플렁크에서 활용될 수 있도록 할 수 있는데, 이는 모두 안전하고 효율적인 방식으로 처리된다.

일반적으로 애플리케이션은 자체 로그 파일을 생성하거나 DOM^{Document Object Model} 태깅을 사용하여 기능과 관련된 메트릭^{metrics}을 생성한다. 이 방식은 기존의 여러 페이지로 구성된 웹 애플리케이션에서 여전히 유용하게 사용된다. 그러나 최근 몇 년간 웹페이지 개발 방식은 **단일 페이지 애플리케이션**^{Single-Page Application, SPA}이라는 새로운 프레임워크를 사용하는 방향으로 전환되고 있다. SPA의 발전은 HTML 결과를 보여주는 대부분의 애플리케이션 작업이 클라이언트의 브라우저에서 동적으로 실행된다는 것을 의미한다. 사용자가 앱과 통신할 때 서로 다른 여러 HTML 페이지를 거치는 것이 아니라, 단 하나의 HTML 페이지만 로드되는 것이다.

---

1 https://docs.splunk.com/Documentation/Splunk/7.2.5/Data/FormateventsforHTTPEventCollector의 Event metadata/Event data 참조

이러한 발전에는 애플리케이션 데이터 모니터링에 대한 딜레마가 있다. 애플리케이션의 인터랙션이 대부분 클라이언트 측에서 발생하기 때문에 서버를 추적하는 것은 그다지 의미가 없다. 바로 HEC가 필요한 대목이다. JavaScript 코드 몇 줄로 이벤트 데이터를 스플렁크에 전송할 수 있기 때문이다.

웹 애플리케이션 외에 HEC를 유용하게 사용할 수 있는 사례가 있다. 일반적인 내부 애플리케이션의 경우에는 HEC를 사용하여 클라이언트 UI에서 발생하는 이벤트를 쉽게 추적 가능하다. 이는 데이터를 다른 위치로 전송할 수 있는 장치들을 위한 **사물인터넷**(IoT, 다양한 목적으로 네트워크에 연결되는 장치들)에도 적용할 수 있다.

▌ 데이터가 HEC로 전달되는 방법

데이터가 HEC로 어떻게 전달되는지 살펴보자. 다음과 같이 여러 단계의 과정을 거쳐야 한다는 사실을 반드시 이해해야 한다.

데이터 로깅하기

스플렁크가 데이터를 캡처하기 전에 모든 데이터는 패키지로 만들어져야 한다. 방법은 여러 가지이다.

- Java, JavaScript 또는 .NET용 스플렁크 로깅 라이브러리
- JavaScript 요청 라이브러리 같은 에이전트[agent]
- Java Apache HTTP 클라이언트
- JSON 또는 원시 포맷으로 데이터를 패킹하는 클라이언트

진도를 나아가기 전에 먼저 JSON 포맷부터 살펴보자. JSON 포맷인 키-값 쌍의 예는 다음과 같다. 키가 먼저 나열된 다음 콜론이 표시되고 해당 키의 값이 나열된다. 나열된 키-값 쌍들은 쉼표로 구분돼야 한다.

```
{
    "time": 1519413100, // epoch time
    "host": "localhost",
    "source": "datasource",
    "sourcetype": "txt",
    "index": "main",
    "event": { "Hello world!" }
}
```

데이터와 함께 토큰 사용하기

이벤트 데이터의 포맷을 맞추는 작업 외에도, 각 데이터 패키지의 인증 헤더authorization header에 토큰token이 필요하다. 시스템이 토큰을 기반으로 한다는 사실은 사용자가 애플리케이션 또는 애플리케이션을 지원하는 파일에 스플렁크 인증서를 포함시킬 필요가 없으며, 정체가 불분명한 소스로부터 이벤트가 수신되지 못하도록 스플렁크를 보호할 수 있음을 의미한다. 스플렁크 관리자는 스플렁크를 통해 토큰을 생성한 다음 소프트웨어 애플리케이션 개발자에게 해당 토큰을 제공해 사용하도록 하면 된다.

데이터 요청 보내기

올바른 토큰이 포함된 데이터 패키지는 HTTP 또는 HTTPS 요청으로 Splunk Enterprise 인스턴스의 HEC 엔드포인트endpoint로 전송된다.

토큰 검증하기

일단 스플렁크가 HTTP/HTTPS 요청을 캡처하면, 해당 토큰은 알려진 토큰 목록을 기준으로 확인 절차를 거쳐 검증된다. 이 과정을 통과해 올바른 토큰으로 판명되면, 스플렁크 사용자 인터페이스에서 관리자가 설정한 환경설정을 참조해 해당 데이터 패키지가 스플렁크로 들어오게 된다.

데이터 인덱싱하기

토큰이 검증되면 스플렁크는 요청으로부터 데이터를 수집하고 인덱싱한다. 그다음 지금까지 배운 스플렁크 기능들을 활용해 데이터 검색과 분석이 가능해진다.

전체적인 프로세스를 이해했으니, 이제 이런 작업들을 스플렁크로 진행하는 방법을 단계별로 알아볼 것이다.

지금부터는 웹 회사를 원활하게 운영하기 위한 목적으로 스플렁크가 어떻게 사용될 수 있는지 상세히 설명할 것이다. 이제부터 배울 내용들은 다음과 같다.

- HEC 활성화
- HEC 토큰 생성
- 커맨드라인에서 기본 cURL문 수행
- 인덱서 수신확인 기능 활성화 및 사용

HEC 활성화하기

먼저 HEC를 활성화해야 한다. 앞에서 언급했듯이 스플렁크를 처음 설치하면 HEC는 기본으로 비활성화 상태다. 로컬 스플렁크 인스턴스에서 HEC를 활성화하려면 다음 단계를 따른다. 다음 화면을 따라 진행해보자.

1. **설정**Settings | **데이터 입력**Data Inputs으로 이동한다.
2. HTTP Event Collector를 클릭한다.
3. 화면 우측 상단 **전역 설정**Global Settings 버튼을 클릭한다.
4. **모든 토큰**All Tokens에서 **사용 가능**Enabled을 선택한다.
5. 기본으로 선택돼 있는 **SSL 사용 가능**Enable SSL을 그대로 둔다.
6. 다음 화면처럼 나머지 설정들은 그대로 두고 **저장**Save을 클릭한다.

Edit Global Settings   ✕

All Tokens	**Enabled**	Disabled
Default Source Type	Select Source Type ⌄	
Default Index	Default ⌄	
Default Output Group	None ⌄	
Use Deployment Server	☐	
Enable SSL	☑	
HTTP Port Number ?	8088	

Cancel   Save

HEC 인증 토큰 생성하기

다음은 HEC 인증 토큰을 생성할 차례이다. HEC 토큰은 지정된 스플렁크 서버 포트로 알려지지 않은 애플리케이션 데이터가 도착하더라도 해당 데이터가 인덱싱되지 않는 것을 보장한다. 스플렁크로 들어오는 요청의 HTTP 헤더로 HEC 인증 토큰이 전송된다. 이 토큰이 없으면 스플렁크는 일반적으로 상태 코드 401(권한 없음)을 응답하게 될 것이다.

HEC 토큰을 사용하면 수집되는 모든 데이터의 소스 태그를 덮어 쓰는 것도 가능하다. 따라서 데이터가 전송되는 위치에 따라 데이터 스트림을 쉽게 구분할 수 있다. 각 애플리케이션마다 토큰을 별도로 만드는 것이 가장 좋다. 어떤 애플리케이션에서 문제가 발생하면, 예를 들어 스플렁크 인스턴스로 불필요한 데이터가 과도하게 유입되기 시작할 때 관련 토큰을 비활성화하는 방법으로 문제를 쉽게 해결할 수 있다. 다음 방법을 따른다.

1. **설정**Settings | **데이터 입력**Data Inputs으로 이동한다.
2. HTTP Event Collector를 클릭한다.

3. **새로 만들기 토큰**^{New Token}을 클릭한다.

4. **이름**^{Name} 필드에 Demo1을 입력한다.

5. 다른 필드들은 그대로 남겨둔다. 곧 인덱서 수신확인 기능^{indexer acknowledgement}으로 다시 돌아갈 것이다.

6. **다음**^{Next}을 클릭해서 진행한다.

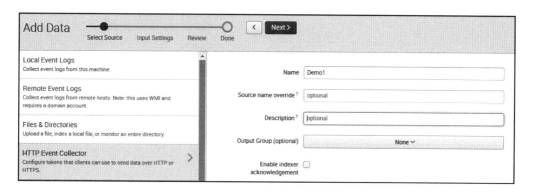

다음 화면과 같은 **입력 설정**^{Input Settings} 페이지가 나타날 것이다. 다음 단계를 따른다.

1. **입력 설정**^{Input Settings} 페이지에서 새로운 **소스타입**을 만들 것이다.

2. 첫 번째 Source type 섹션에서 **새로 만들기**^{New}를 클릭한다.

3. Source Type에 http_events를 입력한다.

4. 앱 컨텍스트가 Destinations 앱으로 설정되었는지 확인한다. 올바로 설정하지 않으면 환경설정이 이전 예와 다른 위치에 있게 된다.

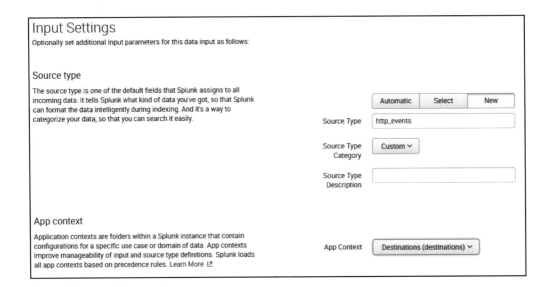

5. **인덱스**Index 섹션에서 main을 선택된 항목selected index으로 선택한다.

6. **기본 인덱스**Default Index 설정에도 main이 나타나야 한다.

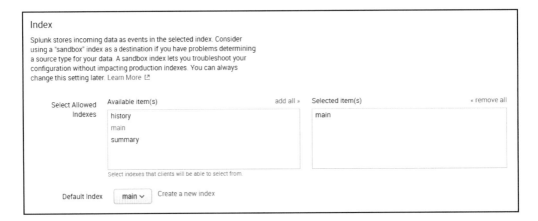

7. **검토**Review를 클릭해서 넘어간다.

8. 다음 화면을 기준으로 지금까지 작업한 내용을 확인한 후 **제출**Submit을 클릭한다.

9. 완료되면 **데이터 입력**Data Inputs | HTTP Event Collector로 돌아가서 새로 생성된 **토큰값**Token value을 확인해야 한다. 이후 연습을 위해 이 값을 복사하거나 메모해 둔다.

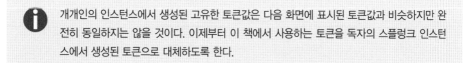
개개인의 인스턴스에서 생성된 고유한 토큰값은 다음 화면에 표시된 토큰값과 비슷하지만 완전히 동일하지는 않을 것이다. 이제부터 이 책에서 사용하는 토큰을 독자의 스플렁크 인스턴스에서 생성된 토큰으로 대체하도록 한다.

Name ^	Actions	Token Value ⌄	Source Type ⌄
Demo1	Edit Disable Delete	e848d8a2-43f4-446c-af9c-e5cd8d7b26a1	http_events

이 책 앞부분에서 배웠듯이 스플렁크 UI에서 변경한 모든 내용은 대부분 환경설정 파일을 변경시킨다. 이 경우 새로운 토큰은 C:\Splunk\etc\apps\destinations\local\inputs.conf 파일의 내용을 다음과 같이 변경시킬 것이다.

```
[http://Demo1]
 disabled = 0
 index = main
 indexes = main
 sourcetype = http_events
 token = e848d8a2-43f4-446c-af9c-e5cd8d7b26a1
```

cURL을 사용한 HEC의 동작 살펴보기

빠르게 환경설정을 마무리했으므로 이제 HEC가 어떻게 동작하는지 살펴볼 차례이다. 커맨드라인 URL^cURL 메서드를 사용해 HEC가 실제로 동작하는지 확인해보자. 다음 정보를 사용해 cURL 명령문을 작성한다.

- URL: http://localhost:8088/services/collector
- Custom Header: Authorization
- Custom Header Value: Splunk <token>
- Content Type: application/json
- Body: { "event": "Mobile Device Event - Something happened" }

cURL은 macOS X과 CentOS 및 RHEL 등 대부분의 리눅스 배포판에서 지원되며, 서버에서 혹은 서버로 데이터를 전송하는 기능을 담당한다.

Windows 사용자의 경우 cURL을 사용해서 HEC를 테스트하려면 curl-7.46.0-win64 파일을 이 책의 GitHub 사이트에서 다운로드하면 된다.

Linux 혹은 macOS에서는 커맨드라인에 다음 cURL 명령문을 입력한다.

```
curl -k https://localhost:8088/services/collector -H 'Authorization: Splunk
e848d8a2-43f4-446c-af9c-e5cd8d7b26a1' -d '{"event":"Mobile Device Event -
Something happened"}'
```

Windows에서는 작은따옴표와 큰따옴표의 동작이 다르기 때문에 약간 다른 cURL 명령문이 필요하다. Windows에서는 Linux cURL의 작은따옴표가 큰따옴표에 해당하며, 큰따옴표는 역슬래시를 사용해 이스케이프 처리escaped를 해야 한다.

다음은 Linux에서와 동일한 내용으로 Windows 환경을 위해 작성된 cURL의 예이다. Windows는 Linux 명령어와 다른 방식으로 큰따옴표를 처리하기 때문에 큰따옴표 앞에 역슬래시가 있는 것에 주의하라.

```
curl -k https://localhost:8088/services/collector -H "Authorization: Splunk
e848d8a2-43f4-446c-af9c-e5cd8d7b26a1" -d "{\"event\":\"Mobile Device Event
- Something happened\"}"
```

cURL 명령이 성공하면 {"text":"Success","code":0}이 표시된다. 스플렁크 UI에서도 index=main source=http:Demo1으로 이벤트를 검색할 수 있다. 이런 이벤트를 전송하는 방법은 다양하다. Linux 기반 구문을 사용해 HEC로 이벤트를 전송할 때 사용 가능한 옵션의 예는 다음과 같다.

하나의 HTTPS 메시지로 다수의 이벤트를 전송하는 방법:

```
curl -k https://localhost:8088/services/collector -H 'Authorization: Splunk
e848d8a2-43f4-446c-af9c-e5cd8d7b26a1' -d '{"event":"Mobile Device Event -
Something happened"}{"event": Mobile Device Event 2 - Something else happened}'
```

필드가 여럿인 하나의 이벤트를 전송하는 방법:

```
curl -k https://localhost:8088/services/collector -H 'Authorization: Splunk
e848d8a2-43f4-446c-af9c-e5cd8d7b26a1' -d '{"event": "Mobile Device Event",
"fields": {"device": "macbook", "users": ["joe", "bob"]}}'
```

이번처럼 사용자 정의 소스타입을 사용하지 않고, 스플렁크에서 기본으로 지원하는 _json
소스타입을 사용해도 된다.

```
curl -k https://localhost:8088/services/collector -H 'Authorization: Splunk
e848d8a2-43f4-446c-af9c-e5cd8d7b26a1' -d '{"sourcetype": "_json", "event":
{"device": "macbook", "users": ["joe", "bob"]}}'
```

인덱서 수신확인

인덱서 수신확인은 스플렁크 HEC의 부가적인 기능이다. 이전 예에서 cURL 명령을 제출
submit하면 스플렁크는 성공 메시지를 반환할 것이다. 그러나 이런 메시지를 통해서는 이
벤트가 수신되었다는 사실만 확인할 수 있다. 스플렁크로 이벤트가 인덱싱되었는지는 확
인할 수가 없는 것이다. 바로 이 때문에 인덱서 수신확인indexer acknowledgement 기능이 필요
하다.

HEC 이벤트의 일부 또는 전부를 캡처해야 하는 경우, HEC 인덱서 수신확인 기능을 사
용하면 인덱싱에 성공했는지 확인 가능하고 실패했다면 다시 이벤트를 재전송하도록 만
들 수 있다.

인덱서 수신확인 기능은 HEC 토큰 레벨에서 설정된다. 따라서 일부 토큰은 수신확인 기
능을 적용할 수 있지만 일부 토큰은 불가능하다.

그럼 이전 연습에서 작성한 토큰을 편집하기 위해 HTTP Event Collect 입력 화면으로 이
동해보자.

1. **설정**Settings | **데이터 입력**Data Inputs으로 이동한다.

2. HTTP Event Collector를 클릭한다.

3. **작업**Actions 컬럼에서 **편집**Edit 버튼을 클릭한다.

Name ^	Actions	Token Value ◇	Source Type ◇

HTTP Event Collector
Data Inputs » HTTP Event Collector

1 Tokens   App: All ∨   [filter]

Name ^	Actions			Token Value ◇	Source Type ◇
Demo1	Edit	Disable	Delete	e848d8a2-43f4-446c-af9c-e5cd8d7b26a1	http_events

4. **인덱서 수신확인 기능 활성화**Enable indexer acknowledgement 옆에 있는 박스를 체크하고 **저장**Save을 클릭한다.

이제 수신확인 기능을 확인하기 위해서 원래 cURL 명령문을 업데이트할 차례이다. 수정된 cURL은 다음과 같으며 새롭게 업데이트된 부분을 굵게 표시했다.

```
curl -k https://localhost:8088/services/collector?channel=0aeeac95-
ac74-4aa9-b30d-6c4c0ac581ba -H 'Authorization: Splunk e848d8a2-43f4-446c-
af9c-e5cd8d7b26a1' -d '{"event":"Mobile Device Event - Something
happened"}'
```

= 기호 다음의 긴 숫자는 GUID이며 guidgenerator.com 같은 사이트에서 온라인으로 생성할 수 있다. 어떤 GUID를 사용했는지는 중요하지 않지만 인덱스 수식확인 상태를 확인할 때 다시 사용해야 하기 때문에 기억해둬야 한다.

위의 cURL 제출submit이 성공하면 다음 메시지가 반환될 것이다.

```
{"text":"Success","code":0,"ackId":0}
```

숫자 식별자(이 경우 0)를 갖는 **ackId** 필드가 추가된 것을 제외하고는 이전에 받은 메시지와 비슷하다.

이벤트를 네 번 더 제출submit해보자. 이벤트를 다시 제출할 때마다 **ackId**가 증가할 것이다. 다음 명령어를 사용해 수신확인 상태를 살펴보자.

```
curl -k
https://localhost:8088/services/collector/ack?channel=0aeeac95-ac74-4aa9-b3
0d-6c4c0ac581ba -H 'Authorization: Splunk e848d8a2-43f4-446c-af9c-
e5cd8d7b26a1' -d '{"acks": [0,1,2,3,4]}'
```

▌ 요약

7장에서는 HEC와 HEC를 사용해 애플리케이션에서 스플렁크로 직접 데이터를 전송하는 방법에 대해 배웠다. 이를 위해 HEC를 활성화하는 방법과 요청을 처리하기 위한 인증으로 사용되는 토큰 생성 방법 역시 배웠다. 또한 cURL을 사용해 이벤트 데이터를 제출하는 방법을 살펴봤다. 마지막으로 인덱스 수신확인 기능을 사용해 HEC의 활용범위를 넓히는 방법을 배웠다.

다음 8장에서는 스플렁크를 최대한 효과적으로 사용하는 여러 가지 방법들에 대해 배울 것이다.

08

모범 사례 및 고급 쿼리

지금까지 이 책을 통해 배운 스플렁크에 대한 지식을 토대로 숙련된 스플렁크 사용자가 되는 데 도움이 되는 몇 가지 기술을 추가로 소개하고자 한다. 지금까지는 스플렁크를 효과적으로 사용하는 데 필요한 필수적인 기술을 습득했다면, 8장에서는 스플렁크 인스턴스에 적용해볼 수 있는 모범 사례들을 살펴볼 것이다.

- 테스트를 위한 인덱싱
- 인덱스 내에서 검색하기
- 제한된 시간 범위 내에서 검색하기
- 고속 모드fast mode를 사용해 신속하게 검색하는 방법
- 이벤트 샘플링event sampling 사용 방법
- 성능 향상을 위해 fields 명령어 사용하기

또한 필요에 따라 템플릿으로 사용할 수 있는 고급 검색에 대해 설명할 것이다. 바로 다음과 같은 내용들이다.

- 하위 검색subsearch 혹은 검색 내 검색search within a search 실행하기
- append와 join 사용하기
- if와 함께 eval 사용하기
- match와 함께 eval 사용하기

페즈의 조언: 지금까지 애플리케이션을 개선하고 문제를 해결하는 데 로그가 어떻게 사용될 수 있는지 살펴보았다. 스플렁크에 미리 설정된 포맷을 통해 매우 다양한 로그들이 자동으로 인식된다. 그러나 직접 생성한 로그파일을 스플렁크에 인식시키려면, 스플렁크에서 지원하는 많은 커뮤티니 중 하나인 http://dev.splunk.com/view/logging/SP-CAAAFCK를 참고하라.

▌ 테스트를 위한 인덱스

새로운 데이터를 인덱싱해야 하는데 그 데이터 포맷을 잘 모른다면, 테스트를 위한 목적으로 별도의 인덱스를 사용하는 것이 좋다. 스플렁크로 데이터를 로드하는 솔루션을 개발할 때는 이 목적만을 위한 인덱스를 별도로 만들어야 한다.

스플렁크에 처음으로 데이터를 로드할 때, 특히 사용자 정의 소스타입을 로드할 때는 존재하는 모든 필드들이 제대로 로드되지 않을 수 있다. 임시 스플렁크 인덱스로 파일을 한 번 로드해봄으로써 문제가 있는 데이터나 잘못 추출된 필드가 테스트를 거친 정제된 데이터와 섞이는 것을 방지할 수 있다.

이는 특히 props.conf와 transforms.conf를 사용해 데이터를 변환해야 하는 상황에서 매우 중요하다. 개발 과정 중에는 테스트와 검증이 필요한 여러 가지 환경 설정이 있을 수 있으므로, 마음껏 테스트하고 지울 수 있는 인덱스가 있는 것이 큰 도움이 된다.

인덱스 내에서 검색하기

항상 인덱스를 기준으로 검색을 필터링해야 함을 기억하라. 검색을 특정 인덱스로 제한하지 않으면 스플렁크는 사용 가능한 모든 인덱스를 훑으며 불필요한 시간과 자원을 소모하게 된다. 하나의 인덱스 내에 많은 sourcetype이 있을 때 특정 데이터셋만을 대상으로 검색을 해야 한다면 이때는 sourcetype에 필터를 걸어야 하는 것도 같은 이유에서이다.

일반적으로 스플렁크를 설계할 때 인덱스가 얼마나 많아야 하며, 각 인덱스에 어떤 데이터가 저장돼야 하는지와 관련해서 많은 질문이 있을 수 있다. 인덱스를 설계할 때와 새로운 인덱스를 생성할 때는 주의 깊게 고려해야 할 점들이 많다.

예를 들어, 동일한 소프트웨어 애플리케이션에 대한 모든 웹 서버 로그를 하나의 인덱스에 저장한다고 하자. 그러면 로그 종류를 sourcetype으로 분리할 수 있지만 반드시 같은 인덱스에 위치시켜야 한다. 이렇게 하면 두 가지 소스타입을 검색해야 하는 경우에도 전반적으로 괜찮은 검색 속도를 낼 수 있을 것이다.

다음 예를 살펴보자.

Index name	Source type
App1	Logs.Error
App1	Logs.Info
App1	Logs.Warning
App2	Logs.Error
App2	Logs.Info
App3	Logs.Warning

보다시피 먼저 앱 번호로 인덱스를 만들고 그다음 여러 소스타입을 생성했다. 이렇게 하면 두 소스타입을 합쳐야 하는 경우에도 동일한 인덱스 내에서 검색을 실행할 수 있다.

- 좋은 검색의 예 :

```
SPL> index=App1 sourcetype=Logs.Error OR Logs.Warning
```

- 나쁜 검색의 예 :

```
SPL> sourcetype=Logs.* Error
```

그런데 반드시 두 인덱스에서 데이터를 검색해야 한다면 방금 설명한 방법처럼 다음 쿼리로 두 인덱스를 결합해도 된다. 하나의 인덱스를 검색하는 것보다 효율적이지는 않지만 사용 가능한 모든 인덱스를 검색하는 것보다는 낫다.

```
SPL> index=App1 OR index=App2 sourcetype=Logs.Error
```

▌ 제한된 시간 범위 내에서 검색하기

Search & Reporting 앱의 검색 시간 범위에서 기본 설정은 최근 24시간^{Last 24 hours}으로 지정된다. **전체 시간**^{All Time} 범위로 실행된 검색은 일반적으로 인덱스에 저장된 데이터 용량과 상대적 건수에 따라 훨씬 더 느리게 실행될 것이다. 이 문제는 동시 사용자가 동일한 작업을 하는 경우 심각해진다. 시간 범위를 제한해서 검색하도록 사용자를 교육하면 되지만 따르지 않는 사용자도 분명 있을 것이다.

기본 시간 범위를 더 좁게 설정하려면 드롭다운 메뉴에서 기본 시간 범위를 변경하면 된다. 지금부터는 ui-prefs.conf 파일을 명령 프롬프트에서 수정하는 방법을 설명할 것이다.

다음 파일을 편집한다.

```
SPLUNK_HOME/etc/system/local/ui-prefs.conf
```

다음을 파일에 복사해서 붙여 넣는다.

```
[search]
dispatch.earliest_time = -4h
dispatch.latest_time = now
[default]
dispatch.earliest_time = -4h
dispatch.latest_time = now
```

파일을 저장하고 스플렁크를 다시 시작한다. **Search & Reporting** 앱으로 돌아가면 기본 시간 범위가 **최근 4시간**^{Last 4 hours}으로 표시될 것이다. 별도로 지정하지 않는 한 기본값 변경사항이 모든 앱에 자동으로 적용되기 때문에 Destinations 앱의 검색 대시보드 기본 시간 범위 역시 변경되는 것에 유의하라.

▌ 고속 모드를 통한 빠른 검색

스플렁크에는 세 가지 검색 모드가 있다. 바로 **고속 모드**^{Fast Mode}, **스마트 모드**^{Smart Mode}, **상세 모드**^{Verbose Mode}이다.

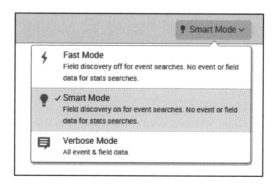

검색 속도를 높이려면 **고속 모드**^{Fast Mode}를 사용하라. 고속 모드는 기본 설정인 스마트 모드와 달리 검색 시간 동안 필드를 생성하지 않는다. 고속 모드는 무엇을 찾고 있는지 모를

때 사용하는 것이 좋다. **스마트 모드**^{Smart Mode}는 검색문에서 변형 명령어^{transforming command}를 찾는다. 변형 명령어가 있으면 고속 모드처럼, 없으면 **상세 모드**^{Verbose Mode}처럼 동작한다. 상세 모드^{Verbose Mode}에서는 검색 속도가 상당히 느려지지만 가능한 한 많은 정보를 제공한다.

▌ 이벤트 샘플링 사용하기

혈액 속의 당과 나트륨 성분을 테스트하기 위해 한 방울의 피가 필요한 것처럼, 정확한 검색으로 결론을 내리기 위해 대용량 데이터의 일부만 필요한 경우가 종종 있다. 스플렁크로 개발과 테스트를 진행할 때는, 대용량 데이터셋을 다루는 이벤트 샘플링^{Event sampling} 기능이 특히 유용할 것이다.

이벤트 샘플링은 샘플 비율을 사용해서 검색 결과의 개수를 줄인다. 일반적인 검색 결과가 1,000건의 이벤트를 반환한다고 했을 때, 1:10 이벤트 샘플링 비율을 적용하면 100건의 이벤트가 반환된다. 이전 화면에서 볼 수 있듯이 이 비율은 검색된 데이터 건수를 크게 줄여줄 수 있으며, 상당히 큰 비율(사용자 지정...^{Custom...} 설정을 사용해 적용가능)에서 **1:100,000** 처럼 작은 비율(역시 **사용자 지정**...^{Custom...} 설정을 사용해 적용가능 혹은 더 작은 비율도 가능)까지 범위를 조정할 수 있다.

물론 이벤트 샘플링은 정확한 개수가 필요한 검색에는 적합하지 않다. 그러나 매우 빠르기 때문에 검색 결과를 테스트할 때는 상당히 좋은 방법이다. 스플렁크 사용자는 SPL로 쿼리를 거듭해서 시도하는 데 대부분의 시간을 소비하게 될 것이다. 검색을 실행할 때마다 대량의 데이터를 처리해야 한다면 생산성이 극도로 낮아지게 된다. 유용한 검색을 생성하는 데 걸리는 시간을 줄이고자 한다면 이벤트 샘플링을 사용하는 것이 좋다.

다음은 이벤트 샘플링 과정에서 따라야 할 절차이다.

- 정확한 이벤트 데이터가 있는지 확인하기 위해 빠르게 검색을 실행한다.
- 이벤트의 특성을 살펴보고 분석 방법을 결정한다.
- 이 단계에서 유용하고 효율적이라고 판단되는 이벤트 샘플링 수준을 설정한다.
- 일부 데이터셋을 대상으로 검색 명령문을 테스트한다.
- 만족할 만한 검색문을 찾을 때까지 이 과정을 계속 반복한다.

이 과정이 완료되면 검색 명령어를 대시보드에 저장하기 전에 이벤트 샘플링 방식을 **이벤트 샘플링 없음**No Event Sampling으로 다시 설정한다. 그렇게 하지 않으면 불완전한 검색 결과가 반환될 것이다.

▌ fields 명령어를 사용해 검색 성능 향상시키기

일반적으로 스플렁크에서 검색을 할 때는 원하는 형태layout와 정확한 결과를 반환하는 검색문을 먼저 작성하는 것이 보통이다. 그 이후 스플렁크의 fields 명령을 사용하면 검색 성능을 향상시킬 수 있는데, 검색에 포함된 로직에 따라 성능이 크게 향상될 수 있다.

기본적으로 인덱스를 검색하고 이벤트를 반환하는 과정에서 스플렁크는 모든 이벤트 필드를 대상으로 쿼리를 실행하고 모든 이벤트 필드를 반환한다. 그러나 통계 결과를 내는 대부분의 검색에 이벤트의 모든 필드가 필요한 것은 아니다. 왜냐하면 출력을 생성하는 데 모든 필드가 사용되는 것은 아니기 때문이다.

다음은 fields 명령어를 사용하지 않은 스플렁크 검색의 예이다.

```
index=main http_uri=/booking/reservation http_status_code=200 | stats count by
http_user_agent
```

fields 명령어를 적용한 후 검색을 실행하면 좀 더 빠른 시간 안에 검색 결과를 얻을 수
있다.

```
index=main http_uri=/booking/reservation http_status_code=200 | fields
http_user_agent | stats count by http_user_agent
```

이 경우 인덱스 검색에서 반환되는 필드는 http_user_agent뿐이다. fields 명령어 덕분에
불필요한 다른 이벤트 필드들은 캡처되지도 않고 메모리로 로드되지도 않는다. 결과가 정
확하다고 판단한 이후 fields 명령을 사용하면 검색 기능을 향상시킬 수 있다.

▌ 고급 검색

검색을 어떻게 작성할지, 데이터를 잘 표현하는 대시보드를 어떻게 만들지 계획할 때 도
움이 되는 다양한 고급 검색 방법이 있다. 이제부터 설명할 내용들은 보다 효과적이고 비
용 효율적인 쿼리를 설계하는 데 도움이 될 것이다.

하위 검색

하위 검색은 검색 내부에 위치한 또 다른 검색이다. 주 검색main search이 다른 검색 결과로
얻은 데이터를 필요로 하는 경우 스플렁크의 하위 검색 기능을 사용해 두 검색을 하나로
결합할 수 있다.

HTTP 상태 오류 500을 반환하는 모든 서버에 대한 통계를 내고 싶다고 하자. 두 개의 검
색을 통해 문제를 일으키는 서버를 찾는 것이 가능하다.

다음과 같이 첫 번째 검색은 상태 코드 500 오류를 발생시키는 모든 서버 주소를 반환한다. 결과를 한 건으로 제한하고 (+ 부호로) server_ip 필드만 포함되도록 설정했음에 주목하라.

```
SPL> index=main http_status_code=500 | top limit=1 server_ip
    | fields + server_ip
```

이 결과로 Eventgen 데이터에서 생성한 IP 주소 중 하나가 반환될 것이다.

다음 두 번째 검색에서는 첫 번째 검색 결과의 server_ip값이 IP 주소 조건으로 적용되고 http_uri 및 client_ip 필드의 상위값이 표시된다. 이 검색은 바로 직전까지 파이프 처리된 데이터 혹은 상태 코드 500을 가장 많이 반환하는 서버 데이터에서 최상위 http_uri 및 client_ip 필드를 찾는다.

```
SPL> index=main server_ip=10.2.1.34 | top http_uri, client_ip
```

하위 검색 방식을 활용해 이 두 개의 검색을 하나로 결합할 수 있다. 하위 검색문이 대괄호 안에 표시되었다.

```
SPL> index=main [ search index=main http_status_code=500
    | top limit=1 server_ip
    | fields + server_ip ] | top http_uri, client_ip
```

예를 들어, 다양한 애플리케이션 로그를 저장하는 두 개 이상의 인덱스가 있다고 가정하자. 한 인덱스에는 값이 있고 다른 인덱스에는 값이 없는 공통 필드가 무엇인지 검색으로 찾을 수 있다. 다음은 이를 찾는 방법 중 한 가지이다.

```
SPL> sourcetype=a_sourcetype NOT [search sourcetype=b_sourcetype
    | fields field_val][1]
```

---

1 두 sourcetype이 서로 다른 인덱스에 저장돼 있다는 전제 조건에서 옳은 설명이다. – 옮긴이

기본으로 반환하는 결과는 100건으로 설정된다. 하위 검색 결과 건수가 많으면 성능이 저하되기 때문이다.

append 사용하기

하위 검색을 완성했으면 그 결과를 다른 결과에 추가하고 싶을 수 있다. 이럴 때는 다음 구문을 사용해서 하위 검색을 추가한다.

```
SPL> . . | append [subsearch]
```

시간 조건 역시 원하는 대로 다양하게 지정할 수 있다.

join 사용하기

SQL(구조화 질의 언어, Structured Query Language) 경험이 있다면 join이라는 개념이 익숙할 것이다. join 명령어를 사용해서 하위 검색 결과를 주 검색 결과에 결합할 수 있다. join 명령어에서는 join 대상이 될 필드를 지정해야 한다. 기본 구문은 간단하다.

```
SPL> . . | join field_name [subsearch]
```

스플렁크에서 join은 기본적으로 내부 조인inner join으로, 두 검색에서 공유되는 이벤트만 포함된다. outer 조인 또는 left 조인도 지정할 수 있다. outer 조인과 left 조인은 주 검색으로 얻은 이벤트 데이터를 기준으로 공통된 이벤트를 포함한다.

eval 및 if 사용하기

이벤트에 존재하는 데이터를 기반으로 필드를 생성해야 하는 경우, eval 명령어를 사용해 필드를 만들고 if로 해당 조건을 확인하면 된다.

eval 명령어는 다음 포맷을 따른다.

```
SPL> | eval newfield=if(condition, field1, field2)
```

목적지가 동부에 있는지를 확인하기 위해 검색 시점에 두 값을 추가로 만들고 싶다고 가정하자. 다음 검색을 활용하면 해당 URI에 NY, MIA 또는 MCO가 있을 때 East라는 값으로 새로운 필드가 이벤트에 추가될 것이다. 그렇지 않으면 스플렁크는 Others라는 값으로 새로운 필드를 추가한다. 따라서 다음 코드는 새로 생성된 Region 필드와 모든 이벤트의 http_uri를 나열하고 이 결과를 Region을 기준으로 정렬한다.

```
SPL> index=main http_uri="/destination/*/details"
    | eval Region=if(match(http_uri, "NY|MIA|MCO"), "East", "Others")
    | top 0 Region, http_uri | sort Region
```

공항 코드에 case 함수와 유사한 기능을 구현하기 위해서 약간의 정규 표현식 NY|MIA|MCO가 사용되었다. http_uri에 NY, MIA 또는 MCO가 포함돼 있으면 Region 필드값은 East가되고, 그렇지 않으면 Others가 된다.

이제 새로운 필드와 함께 데이터가 반환될 것이다.

20 Per Page ∨ ✎Format ∨ Preview ∨	
Region ⌀	http_uri ⌀
East	/destination/NY/details
East	/destination/MCO/details
East	/destination/MIA/details
Others	/destination/HOU/details
Others	/destination/WAS/details
Others	/destination/SEA/details
Others	/destination/PML/details
Others	/destination/AK/details
Others	/destination/LAX/details

case 함수와 함께 eval 및 match 사용하기

이전 검색문에서 if를 사용하지 않고 match를 한 번 더 사용하면 West와 Central이 추가되도록 검색문을 개선할 수 있다.

이제 case 함수를 소개할 차례이다. 다음 설명을 통해 Condition1이 true이면 Label1값으로, Condition2가 true이면 Label2값으로 필드값을 설정할 수 있다는 사실을 알 수 있을 것이다.

```
SPL> | eval newfield=case(Condition1, "Label1", Condition2, "Label2",
         ConditionX, "LabelX")
```

if 대신 case를 사용하도록 이전 쿼리를 약간 변경해보자.

```
SPL> index=main http_uri="/destination/*/details"
    | eval Region=case(match(http_uri, "NY|MIA|MCO"),
      "East", match(http_uri, "WAS|AK|LAX|PML"), "West",
      match(http_uri, "HOU"), "Central")
    | top 0 Region, http_uri | sort Region
```

이제 지역에 따라 목적지가 올바르게 구분된 것을 볼 수 있을 것이다.

Region ⇕	http_uri ⇕
Central	/destination/HOU/details
East	/destination/MCO/details
East	/destination/NY/details
East	/destination/MIA/details
West	/destination/WAS/details
West	/destination/LAX/details
West	/destination/PML/details
West	/destination/AK/details

20 Per Page ∨   ✎Format ∨   Preview ∨

▌ 요약

8장에서는 스플렁크를 사용하면서 적용 가능한 모범 사례에 대해 살펴봤다. 그리고 더 자세한 결과를 얻는 데 사용할 수 있는 복잡한 쿼리들에 대해서도 언급했다.

09

스플렁크 도입하기

지금까지 스플렁크를 사용하는 기본적인 방법과 다방면으로 조직이 활용해볼 수 있는 강력한 분석 기법에 대해 설명했다. 9장에서는 지금까지 다룬 내용들을 조직에 적용하기 위한 방안, 개념, 아이디어를 제언하는 것으로 책을 마무리하고자 한다.

▍ 조직에서 일반적으로 활용되는 사례

스플렁크를 처음 도입하는 대부분의 조직은 IT 운영 관리, 정보 보안, **개발 운영**DevOps 이 세가지 목적 중 하나를 위해 도입을 결정한다.

IT 운영

IT 운영의 주 목표가 비용 중심에서 수익 중심으로 전환되고 있다. 오늘날 전 세계에서 가장 긴 역사를 가진 기업들 역시 IT 서비스 그리고/혹은 시스템을 기반으로 수익을 올리고 있다. 결과적으로 이러한 IT 서비스의 운영 상황을 모니터링해야 하며 이상적으로는 장애 발생 전에 문제를 능동적으로 해결해야 한다. 서버, 스토리지, 네트워크 장비 같은 하드웨어는 로그 데이터를 통해 올바르게 동작하는지 확인하는 것이 중요하다. 그리고 소프트웨어로 인해 발생하는 문제를 해결하기 위해서는 모바일, 브라우저 기반 소프트웨어 애플리케이션에 대한 로그를 남기고 이를 모니터링해야 한다.

궁극적으로 조직은 이런 데이터들을 서로 연관시켜 IT 상태를 완벽하게 파악하고자 할 것이다. 이와 관련해 스플렁크는 지난 수년간 축적된 전문성을 바탕으로 **IT 서비스 인텔리전스**[IT Service Intelligence, ITSI]라는 유료 애플리케이션을 통해 기업이 대규모 IT 환경에 대처할 수 있는 프레임워크를 제공하고 있다.

요즘은 내부 및 외부 호스팅 시스템에서 수집된 로그를 사용하는 클라우드 컴퓨팅 기술의 사용으로 대다수 전통적인 조직에서 다뤄야 하는 문제가 더 복잡해진 것이 사실이다.

사이버 보안

오늘날 사이버 보안에 대한 끊임없는 관심과 더불어, 다양한 정보 보안 요구사항을 만족시키기 위해서는 스플렁크와 같은 소프트웨어가 조직에 필요하다. 스플렁크는 취약점 스캐너, 피싱 차단, 방화벽, 사용자 관리 및 행위 추적 툴 같은 여러 디바이스와 소프트웨어로부터 보안과 관련된 필수 로그 데이터를 수집함으로써 로그 데이터 통합 및 보고 엔진의 역할을 수행한다. 기업은 반드시 외부 위협뿐만 아니라 내부 위협으로부터 보호돼야 하는데, 이런 이유로 스플렁크는 유료 애플리케이션인 Enterprise security와 **User behavior analytics**[UBA]를 제공하고 있다. ITSI와 마찬가지로 이 애플리케이션들은 기업이 보안 영역에서 요구하는 사항을 충족할 수 있도록 프레임워크를 제공한다.

비즈니스를 보호하기 위한 사이버 보안 외에도 기업은 특정 산업과 관련된 보안 표준을 준수하고 이를 감사해야 하는 경우가 종종 있다. 금융 거래에서의 PCI 준수, 미국 정부와 협력하는 경우 NIST(National Institute of Standards and Technologies, 미국국립표준기술연구소)의 요구사항 혹은 HIPAA(Health Insurance Portability and Accountability Act, 미국의료정보보호법)나 EU의 GDPR(General Data Protection Regulation, 개인정보보호규정)와 같은 개인 정보 보호가 바로 그런 예이다.

소프트웨어 개발 및 지원 업무

흔히 데브옵스DevOps라고도 하는, 다양한 소스로부터 데이터를 수집하고 이를 서로 연결시키는 스플렁크의 기능은 소프트웨어 개발, 테스트, 배포 사이클에서 발생하는 많은 문제들을 해결한다. 스플렁크를 사용하면 고품질 소프트웨어를 보다 신속하게 개발할 수 있다. 스플렁크는 개발이 완료된 소프트웨어를 제어하면서 동시에 출시된 소프트웨어의 사용 현황과 사용자 행동 변화를 시각적으로 보여준다. 이런 사례는 특히 소프트웨어를 자체적으로 개발하려는 조직에 유용하게 적용될 수 있다.

사물인터넷

오늘날 많은 기업들이 컴퓨팅, 이동 통신, 무선 통신과 데이터를 융합하는 트렌드를 따라 점점 더 많은 장치에서 데이터를 수집하려고 한다. 풍력 터빈, 열차, 센서, 난방, 냉각 시스템과 같은 기계에 센서를 배치해 데이터를 수집하는 것을 예로 들 수 있다. 이런 센서들은 APIApplication Programming Interface를 통해 접근 가능하고 JSONJavaScript Object Notation과 같은 표준 포맷으로 데이디를 제공힌디.

▍ 스플렁크 아키텍처 고려사항

조직에서 스플렁크를 도입할 때는 아키텍처, 복원력resiliency, 재해 복구disaster recovery와 관련된 특정 요구사항이 있을 것이다.

조직에 도입하기 위한 스플렁크 아키텍처

사용 용도usage, 데이터 볼륨data volume, 중요도criticality는 스플렁크 도입 시 얼마나 많은 하드웨어가 필요한지를 결정짓는 세 가지 요소이다. 데이터 볼륨이 큰 경우, 단일 서버의 프로세서 용량으로는 저장과 검색을 동시에 할 수 없을 수도 있다. 상용 환경에서 단일 서버에 스플렁크를 설치하는 것은 좋은 구성이 아니다. 해당 서버가 단일 고장점single point of failure 이 되기 때문이다. 즉, 그 서버가 실패하면 스플렁크 애플리케이션도 실패하게 될 것이다. 스플렁크가 조직에서 중요한 역할을 담당한다면, 서버 장애에 따른 비용이 장애 방지를 위한 하드웨어 증설과 구축에 소요되는 비용보다 클 수 있다.

스플렁크는 인덱싱 및 저장 용도와는 별도로 검색과 작업을 로드 밸런싱할 수 있는 다중 계층 환경으로 확장해서 구성할 수도 있다.

검색 용량

스플렁크에서 검색을 실행하면 모든 검색은 **검색 헤드**search head라는 스플렁크 인스턴스에서 수행된다. 스플렁크 검색 한 건은 검색 헤드의 단일 CPU 프로세서 코어에서 실행되고, 다수의 인덱싱 리소스를 사용해 결과를 수집하고 요약하며 표현한다. 따라서 현재 코어 개수로 사용자가 요구하는 검색(예를 들어, 예약 검색, 애드훅ad hoc 검색, 경고 등)을 동시에 처리할 수 있어야 한다. 스플렁크의 사용 환경이 확장됨에 따라, 이러한 검색 활동을 모니터링하는 것이 중요하다. 검색 리소스가 전부 소진되면 사용자 경험이 저하될 것이다. 리소스가 충분한지 모니터링하고 전체 용량을 미리 확보하는 것이 중요하다.

인덱싱 용량 및 데이터 복제

스플렁크는 대규모 환경을 위한 인덱스 서버의 클러스터링 기능을 지원한다. 또한 클러스터 노드의 실패를 대비하기 위해 전체 클러스터 노드 간에 데이터 복제 서비스를 제공한다. 인덱스 클러스터의 노드 하나를 피어peer라고 하는데, 피어가 하나 이상이면 데이터 인덱싱 성능이 좋아진다. 별도의 마스터 노드는 복제를 조정하고 피어 간 검색을 지원한다. 스플렁크 교육 과정 중 검색과 인덱싱 데이터 볼륨에 대한 지침을 제공하는 과정을 통해 하드웨어 사이징에 대한 가이드를 얻을 수 있을 것이다.

중요한 환경을 위한 고가용성

클러스터링 방식을 도입하는 문제에서 결정적 요인은 애플리케이션과 해당 데이터의 중요도이다. 스플렁크가 다운되고 데이터 사용이 불가능할 때 발생하는 손실 비용이 높다면, 고가용성을 위한 스플렁크 아키텍처를 구축함으로써 가동 시간을 극대화할 수 있다. 검색 헤드와 인덱스 클러스터 외에도 부하 분산 장치, 저장소 백업 역시 매우 중요한 상황에서 스플렁크를 성공적으로 운영하기 위해 필요한 기법들로 간주돼야 한다.

모니터링 콘솔

스플렁크 관리자는 Splunk Enterprise와 함께 제공되는 **모니터링 콘솔**Monitoring Console을 사용해 스플렁크 환경을 모니터링한다. 스플렁크는 다른 많은 제품 및 구성 요소와 마찬가지로 **모니터링 콘솔**에 대한 훌륭한 설명서를 제공한다. **모니터링 콘솔**에 대한 문서는 http://docs.splunk.com/Documentation/Splunk/latest/DMC/DMCoverview에서 확인 가능하다.

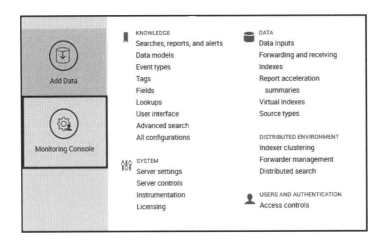

모니터링 콘솔Monitoring Console에 나타나는 데이터의 소스는 스플렁크 자기 자신이다. 스플렁크는 자신을 모니터링하고, 여러 가지 주요 기준에 대해 의미 있는 실시간 통계 결과를 제공한다. 보통 **모니터링 콘솔**에서 가장 자주 확인하게 되는 내용은 다음과 같다.

- 검색 및 인덱싱 성능
- 운영 체제 리소스 사용량
- 인덱스 및 볼륨 사용량
- 포워더 및 TCP 성능
- 라이선스 사용량

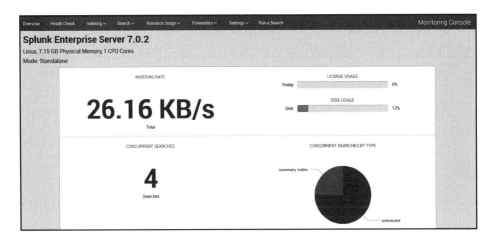

바로 전 화면의 하드웨어 구성은 데모용이다. 데이터 볼륨과 검색 양을 기반으로 스플렁크를 운영하기 위해서는 조직에 더 많은 하드웨어 리소스가 필요할 것이다.

모니터링 콘솔에는 HTTP 이벤트 컬렉터와 그 외 스플렁크의 다양한 구성 요소를 모니터링하는 추가 기능이 있다.

스플렁크 클라우드를 사용한다면 과금 대상 스플렁크 환경이 올바르게 동작하고 있는지 그리고 구매한 라이선스 용량을 초과하지 않았는지 모니터링 콘솔을 통해 확인할 수 있다.

포워더

기업의 스플렁크 구축 환경에서 거의 항상 보게 되는 구성 요소는 바로 스플렁크 **포워더**forwarders이다. 포워더는 데이터를 또 다른 스플렁크 인스턴스로 전송하는 역할을 한다.

스플렁크 아키텍처에서 포워더는 두 가지 형태로 구축이 가능한데, 각각 기능이 다르기 때문에 이들을 별도로 살펴볼 것이다.

유니버설 포워더

스플렁크 유니버설 포워더Universal forwarder는 다른 시스템에 설치되는 매우 가벼운 스플렁크 소프트웨어이며, 보통은 데이터 인덱싱을 위해 데이터를 다음 계층 Splunk Enterprise로 전송한다. 가장 흔한 유니버설 포워더의 사용 예는 Windows 또는 Linux 서버의 OS 로그를 Splunk Enterprise 인스턴스로 전송해 여러 항목들을 모니터링하는 경우이다.

헤비 포워더

스플렁크 헤비 포워더Heavy forwarder는 일부 기능이 제한된 Splunk Enterprise와 동일하다. 유니버설 포워더와 달리 헤비 포워더는 데이터를 파싱parsing한 다음 전달하기 때문에, 복잡한 데이터 수집 환경에서 유리한 아키텍처를 구성하는 데 사용될 수 있다. 또한 소스 IP

처럼 이벤트에 포함된 데이터를 기준으로 서로 다른 위치에 있는 서로 다른 인덱스로 데이터를 전송할 수 있다. 헤비 포워더는 거의 모든 기능을 갖춘 스플렁크 인스턴스이므로, 로컬에 데이터를 인덱싱할 수 있으며 다른 인덱스 피어^{peer}로 전달할 수도 있다.

스플렁크 클라우드

이 책 대부분이 스플렁크의 사용법을 중심으로 다루고 있지만, 첫 번째 장에서 스플렁크를 설치하는 방법도 설명했다. 스플렁크를 자체적으로 구축해서 운영하는 것을 원치 않는다면, **스플렁크 클라우드**라는 SaaS^{Software-as-a-Service}를 사용하면 된다. 스플렁크가 직접 하드웨어 자원을 제공하고 소프트웨어를 관리하기 때문에 일반 스플렁크보다는 가격이 높다. 예를 들어, 스플렁크의 최신 버전이 출시되면 스플렁크가 직접 스플렁크 클라우드 인스턴스를 업그레이드하지만 사용자가 스플렁크를 설치한 경우에는 업그레이드를 직접 수행해야 한다. 따라서 독자적으로 설치된 소프트웨어 환경은 현재 버전보다 뒤떨어지게 돼 스플렁크 관리자가 직접 업그레이드할 수밖에 없다. 또한 스플렁크 클라우드를 사용한다고 해서 로컬 스플렁크 구성 요소가 필요 없는 것이 아니다. 스플렁크가 권고하는 방법은 헤비 포워더를 사용해 데이터를 로컬에 통합하고 그 후에 스플렁크 클라우드로 데이터를 전송하는 것이다. 따라서 유니버설 포워더 역시 계속 필요하다.

스플렁크 가격 모델

궁극적으로 스플렁크를 사용하는 조직이 스플렁크를 직접 구매해야 한다. 이 절에서는 스플렁크에서 소프트웨어를 구매할 때 고려해야 할 중요한 사항에 대해 간략히 설명할 것이다.

가장 중요한 개념은 일일 인덱싱 볼륨^{Indexed Volume per Day}이다. 일일 인덱싱 볼륨은 매일 스플렁크로 전송할 모든 데이터의 총량을 뜻한다. 하루 1GB 이상 어느 용량 단위로든 라이선스 구매가 가능하며, 시간이 지나 추가로 라이선스를 구매해서 새로운 데이터 소스를 스플렁크로 로드할 수 있다.

라이선스 크기를 산정한 후, 스플렁크 클라우드를 구매할 것인지 아니면 스플렁크를 구매해 자체적으로 운영하고 유지보수할 것인지를 결정해야 한다.

- 스플렁크 클라우드는 매월 가격이 책정되지만 비용은 일 년에 한 번 청구된다. 다른 말로 연간 라이선스를 구입하면 한 달 가격은 150달러지만 지불할 금액은 12개월에 해당하는 1,800달러이다.[1] 이를 **기간**Term으로 소프트웨어를 구입하는 방식이라고 한다.
- 수집, 설치 및 관리용으로 도입하는 Splunk Enterprise는 다음 두 가지 방법 중 하나로 구입이 가능하다.
    - **기간**Term: 앞서 설명한 스플렁크 클라우드와 같은 방법
    - **영구**Perpetual: 초기 비용은 높지만 1년 후에는 연간 비용이 절감되는 방식으로서, 소프트웨어의 소유권을 획득하는 방법

영구 라이선스 구입 방식의 가장 중요한 차이점은 초기 비용은 높지만 소프트웨어의 소유권을 가질 수 있다는 것이다. 기간 라이선스의 경우 구입 시점에서 1년 후 향후 2년간 구매하지 않기로 결정하면 소프트웨어와 모든 내용에 대한 접근 권한을 잃게 된다.

웹 사이트 https://www.splunk.com/en_us/products/pricing.html에서 스플렁크 소프트웨어의 가격 정책과 관련된 많은 정보를 확인할 수 한다. 또한 https://www.splunk.com/en_us/software/pricing/faqs.html은 자주 묻는 질문에 대한 답변을 정리한 유용한 페이지이다.

보통 소프트웨어에는 **유지보수**support로 알려진 비용 역시 책정된다. 유지보수는 일반적으로 발생할 수 있는 제품 문제를 스플렁크와 함께 해결할 수 있는 권한과 시장에 새로운 버전이 출시될 때마다 새로운 소프트웨어 배포판을 사용할 수 있는 권한을 포함한다. 구매 라이선스 종류에 따라 유지보수 비용은 영구 라이선스의 경우처럼 소프트웨어 비용에 추가되거나 별도 항목으로 과금된다.

---

1 가격은 변동될 수 있으니, 웹사이트를 참고해야 한다. – 옮긴이

스플렁크 가격 정책과 관련된 주제를 마무리하면서, 무료로 사용 가능한 스플렁크 소프트웨어에 대해 알아야 할 몇 가지 중요한 내용은 다음과 같다.

- 사용자 수에 제한 없이 배포 가능 – 사용자당 비용 없음
- 하드웨어 용량에 제한 없이 배포 가능 – 소프트웨어 추가 비용 없이 성능 향상과 복원력resiliency 제공
- 소스 개수에 제한 없이 데이터 수집 가능
- 유니버설 포워더가 필요한 경우 배포에 추가 비용 없음

▍스플렁크 커뮤니티 및 온라인 자료

오늘날 조직에서 사용할 목적으로 소프트웨어의 도입을 고려할 때는 온라인 자료와 커뮤니티를 고려하는 것이 중요하다. 폐쇄적인 소규모 커뮤니티인가? 아니면 중요한 온라인 자료, 문서, 기타 커뮤니티 기반의 자산을 개방하는 커뮤니티인가? 살펴보라.

스플렁크는 훌륭한 제품임과 동시에, 고객의 요구사항에 맞게 제품을 성공적으로 구현할 수 있도록 지원하는 강력한 온라인 커뮤니티가 존재한다. 이것이 바로 스플렁크가 승승장구하는 이유이다.

다음과 같은 자료들을 이용하기에 앞서 스플렁크 온라인 커뮤니티 사이트를 훑어보는 것도 좋은 방법이다. https://www.splunk.com/en_us/community.html을 참고하라.

- **SplunkBase**: splunkbase.splunk.com은 요구사항과 보유 데이터 소스에 따라 사용을 고려해볼 만한 스플렁크 앱과 애드온을 제공한다. ITSI 및 ES와 같은 스플렁크 기반 프리미엄 앱을 여기에서 찾을 수 있다. 스플렁크에 내장된 무료 앱도 여기에서 검색 가능하다. security essentials 같은 무료 앱은 상당히 괜찮다. 아마존 웹 서비스, 시스코, 마이크로소프트, 서비스나우ServiceNow 및 그 외 IT 업체들마다 자사 제품의 데이터를 스플렁크에서 검색하고 스플렁크로 저장하도록 애드온과 앱을 제공하고 있다. 이 앱에는 미리 작성된 보고서prebuilt reports, 대시보

드, 데이터 모델이 포함돼 있어 저장된 데이터로부터 분석 결과를 얻도록 한다. 스플렁크의 가치를 빠르게 경험하려면 SplunkBase의 자산을 활용해보기를 강력히 추천한다.

- **Splunk Answers**: answers.splunk.com은 온라인 포럼으로서, 스플렁크 사용자들이 질문을 올리고 응답을 받을 수 있는 커뮤니티 공간이다. 스플렁크를 경험하면서 직면하는 많은 어려움과 문제들은 이미 다른 누군가에 의해 어디선가 해결되었을 가능성이 크다는 사실을 알게 될 것이다.

- **Splunk Docs**: docs.splunk.com은 최근에 릴리스된 스플렁크, 앱, 그 외 다른 자산들에 대한 모든 공식 스플렁크 설명서가 있는 공간이다. 현재 구축된 스플렁크와 일치하는 버전의 문서를 사용하라. 특정 시점 이후 개선된 기능은 그 시점 이전 버전의 문서에 해당 내용이 없을 수도 있다.

- **Splunk for Developers**: dev.splunk.com은 스플렁크 플랫폼을 활용해서 애드온과 애플리케이션을 개발하려는 소프트웨어 개발자를 위한 정보를 제공한다. 또한 이클립스^{Eclipse} 개발 통합 환경 및 닷넷 비주얼 스튜디오^{Visual Studio for .NET}용 스플렁크 플러그인 같은 소프트웨어 개발 키트, 소프트웨어 개발 툴, REST API를 사용해 스플렁크 플랫폼과 통합하려는 소프트웨어 개발자를 위한 내용들도 있다.

- **Blogs**: 스플렁크는 공통적으로 관심이 증가하는 주제를 중심으로 블로그 카테고리에 정기적으로 기사를 게재한다. 다음은 블로그 카테고리의 간단한 목록이다.

  - **보안**^{Security}: https://www.splunk.com/blog/category/security.html
  - **머신러닝**^{Machine learning}: https://www.splunk.com/blog/category/machine-learning.html
  - **고객**^{Customers}: https://www.splunk.com/blog/category/customers.html
  - **팁과 트릭**^{Tips and tricks}: https://www.splunk.com/blog/category/tips-and-tricks.html

- **교육**: 스플렁크를 성공적으로 사용하기 위해서는 어느 정도의 교육이 필요하다. 사용자와 시스템 요구사항에 따라 다양한 교육 과정이 열려 있다.

- **슬랙**: 인기 있는 메시징 애플리케이션인 슬랙^{Slack}을 사용할 수 있는 스플렁크 커뮤니티이다.

▌ 요약

9장에서는 IT 운영, 사이버 보안, 소프트웨어 개발과 유지보수, IoT 용도로 조직의 상황에 맞게 스플렁크를 사용하는 방법을 살펴보았다. 포워더를 포함해 스플렁크 인프라 설계와 관련된 중요한 주제 등을 검토했다. 스플렁크 소프트웨어를 구매해서 소유권을 갖는 방법을 상세히 설명했고 스플렁크 온라인 커뮤니티를 통해 제공되는 방대한 자료들을 활용하는 방법도 살펴봤다.

이제 개인 혹은 조직에서 스플렁크를 유용하게 사용해볼 수 있는 시점에 이르렀다. 스플렁크를 다운로드하고 데이터로 여러 기능들을 활용해서 성공적인 결과를 얻기 위한 기술들을 습득한 것이다.

| 찾아보기 |

에이콘출판의 기틀을 마련하신 故 정완재 선생님 (1935-2004)

Splunk 7 에센셜 3/e

데이터셋 활용, 보고서 제작, 강력한 정보 공유를 통한 머신 데이터 파헤치기

발　행 | 2019년 5월 7일

지은이 | J-P 콘트레라스 · 에릭슨 델가도 · 벳시 페이지 시그먼
옮긴이 | 이 미 정

펴낸이 | 권 성 준
편집장 | 황 영 주
편　집 | 이 지 은
디자인 | 박 주 란

에이콘출판주식회사
서울특별시 양천구 국회대로 287 (목동)
전화 02-2653-7600, 팩스 02-2653-0433
www.acornpub.co.kr / editor@acornpub.co.kr

한국어판 ⓒ 에이콘출판주식회사, 2019, Printed in Korea.
ISBN 979-11-6175-298-3
ISBN 978-89-6077-210-6 (세트)
http://www.acornpub.co.kr/book/splunk7-essentials-3e

이 도서의 국립중앙도서관 출판시도서목록(CIP)은 서지정보유통지원시스템 홈페이지(http://seoji.nl.go.kr)와
국가자료공동목록시스템(http://www.nl.go.kr/kolisnet)에서 이용하실 수 있습니다.(CIP제어번호: CIP2019015406)

책값은 뒤표지에 있습니다.